AS PEGADAS QUE CRISTO DEIXOU

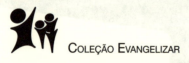

COLEÇÃO EVANGELIZAR

- *Paixão de anunciar* – Alberto Meneguzzi
- *As pegadas que Cristo deixou* – Anna Maria Martins da Silva

Anna Maria Martins da Silva

AS PEGADAS QUE CRISTO DEIXOU

Reflexões bíblicas

Dados Internacionais de Catalogação na Publicação (CIP)
(Câmara Brasileira do Livro, SP, Brasil)

Silva, Anna Maria Martins da

As pegadas que Cristo deixou: reflexões bíblicas / Anna Maria Martins da Silva. — 1. ed. — São Paulo : Paulinas, 2008. — (Coleção evangelizar)

ISBN 978-85-356-2334-5

1. Bíblia – Estudo e ensino I. Título. II. Série.

08-08347   CDD-220.07

Índice para catálogo sistemático:
1. Bíblia : Estudo e ensino   220.07

Direção-geral: *Flávia Reginatto*
Editores responsáveis: *Vera Ivanise Bombonatto*
Antonio Francisco Lelo
Coordenação de revisão: *Ana Cecilia Mari*
Copidesque: *Cirano Dias Pelin*
Revisão: *Mônica Elaine G. S. da Costa*
Jaci Dantas
Direção de arte: *Irma Cipriani*
Gerente de produção: *Felício Calegaro Neto*
Capa e projeto gráfico: *Wilson Teodoro Garcia*

Nenhuma parte desta obra poderá ser reproduzida ou transmitida por qualquer forma e/ou quaisquer meios (eletrônico ou mecânico, incluindo fotocópia e gravação) ou arquivada em qualquer sistema ou banco de dados sem permissão escrita da Editora. Direitos reservados.

Paulinas

Rua Pedro de Toledo, 164
04039-000 – São Paulo – SP (Brasil)
Tel.: (11) 2125-3549 – Fax: (11) 2125-3548
http://www.paulinas.org.br – editora@paulinas.com.br
Telemarketing e SAC: 0800-7010081
© Pia Sociedade Filhas de São Paulo – São Paulo, 2008

Introdução

Aproveitando o trabalho colhido na catequese de jovens e adultos que, com a graça de Deus, consegui acompanhar na paróquia da Santíssima Trindade, no Rio de Janeiro, achei que um livro com linguagem acessível, abordando versículos do Novo Testamento, abrangeria esses e outros já evangelizados que se afastaram da mensagem recebida.

Sua finalidade ao refletir sobre "As pegadas que Cristo deixou" é estimular a leitura da Bíblia Sagrada e alertar para a vivência cristã e, conseqüentemente, para nossa atuação junto àqueles que precisam de nós.

Lembro a todos que o fundamento de nossa esperança repousa na certeza de que o Senhor aguarda pacientemente que recomecemos cada dia, se preciso for, a caminhada em direção a ele. A vida de fé não permite estagnação, mas deve levar a um fluxo contínuo de recebimento e transmissão das verdades reveladas.

O ritmo frenético do aperfeiçoamento pessoal, busca de trabalho e segurança, fatos indiscutivelmente legítimos, não devem tornar esmaecida e distante a imagem daquele que um dia prometemos seguir. É exatamente aqui, no meio das nossas múltiplas atribuições, sem abrir mão de nossas aspirações, que devemos colocar o Senhor Jesus como ponto de referência. Há uma frase na liturgia da missa que nos alerta: "Ele está no meio de nós". A Igreja aponta-nos a responsabilidade do leigo de imprimir a presença de Cristo em todas as atividades sociais, culturais e políticas.

Nosso tempo é agora. Tempo de reflexão, aprofundamento, tempo de ação. Tempo de retirar da estante aquela Bíblia esquecida que não mais manuseamos, que é depositária da história da salvação.

Este livro segue uma ordem cronológica a partir da encarnação do Verbo, com o Menino Deus de braços abertos a todos acolhendo, passando por alguns ensinamentos da vida pública do Senhor Jesus, até encontrá-lo novamente, com os braços abertos na cruz, a todos amando até o fim. Realizará assim, de maneira plena e definitiva, a nossa redenção. Cristo Ressuscitado vive e está entre nós. Terminamos invocando Maria, aquela que a tradição nos aponta como "Porta do Céu" e "Estrela da Manhã", que nos indica a direção a tomar em nossa caminhada através das palavras: "Fazei tudo o que ele vos disser" (Jo 2,5). Tudo o que ele nos disse está nos evangelhos.

PARTE I

"EU SOU O CAMINHO"

*Eu sou o caminho, a verdade e a vida.
Ninguém vai ao Pai senão por mim.*
(Jo 14,6)

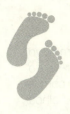

Encarnação do Verbo

E o Verbo se fez homem e habitou entre nós.
(Jo 1,14)

Ao assumir a forma humana desgastada pelo pecado, o Filho de Deus dignificou a pessoa ao se fazer igual a nós, nosso irmão, e tornou-nos participantes da natureza divina, como vemos em 2Pd 1,4: "Por que ele nos comunicou as sublimes e preciosas graças prometidas, para que por elas vos torneis participantes da natureza divina".

O Verbo faz-se carne para salvar-nos reconciliando-nos com Deus Pai. "Foi ele que nos amou primeiro e enviou-nos seu Filho como vítima de expiação pelos nossos pecados" (1Jo 4,10).

O Verbo fez-se carne para que conhecêssemos o amor de Deus. "Pois Deus amou tanto o mundo que deu seu Filho Único a fim de que todo o que crer nele não pereça, mas tenha a vida eterna" (Jo 3,16).

O Verbo fez-se carne para ser modelo de santidade. "Tomai sobre vós o meu jugo e aprendei de mim" (Mt 11,29). "'Eu sou o caminho, a verdade e a vida'", respondeu Jesus, "'ninguém vai ao Pai senão por mim'" (Jo 14,6).

Acontecimento único na história da humanidade, a encarnação revela-nos a pessoa de Jesus Cristo com duas naturezas (humana e divina) não confundidas, mas unidas na Pessoa do Filho, que é o único mediador entre o Pai e os seres humanos.

"O Filho de Deus trabalhou com mãos humanas, pensou com inteligência humana, amou com coração humano. Nascido da Virgem Maria, tornou-se, verdadeiramente, um de nós, semelhante em tudo, exceto no pecado" (*Catecismo da Igreja Católica*).

O valor salvífico da encarnação foi recriar o ser humano elevando-o à filiação divina, assumindo o caráter de "nova criação".

9

"Quem está no Cristo é criatura nova, o velho passou, e um novo mundo se fez" (2Cor 5,17). "Nascer de novo" é despojar-se do "homem velho", como dizem as Escrituras, é reerguer-se com a graça de Deus e recomeçar. "Nascer de novo" é levantar os olhos para o alto e aceitar a ótica de Deus, que quase nunca corresponde à nossa; é olhar para o lado e aceitar o outro mesmo sem compreendê-lo; é estender a mão e ser solidário sem esperar contribuição, certo de que da compreensão e solidariedade é que nasce a paz.

Contemplemos o presépio. Lá está um recém-nascido na mais humilde cidade de Judá, que num gesto infinito de amor assume a forma da pessoa humana. Frágil e dependente reúne em torno de si simples pastores e sábios do Oriente, mostrando a todos a universalidade da salvação. Diríamos que tal imagem deveria bastar para destruir preconceitos, discriminações e intransigências.

Contemplar o presépio não é simplesmente olhar, mas refletir que aquele menino apresentado diante de nossos olhos é e será sempre *a luz do mundo*. Em Is 9,1 encontramos: "O povo que caminha nas trevas viu uma grande luz. Sobre os que habitam a terra da sombra brilhou uma luz".

Contemplar o presépio é aprofundar-se neste mistério salvífico e colocar-se a caminho seguindo aquela luz, pois nosso tempo é agora, e as portas do Reino do Céu foram-nos abertas.

Sigamos o Cristo

Quão estreita é a porta e apertado o caminho que leva à vida.
(Mt 7,14)

Jesus, conversando com seus discípulos, disse: "Para onde eu vou, vós sabeis o caminho". Tomé, sempre necessitando de explicações mais claras, indagou que, se eles desconheciam para onde Jesus ia, como iriam saber o caminho. Ao que o Senhor respondeu: "Eu sou o caminho...".

O caminho que Cristo nos aponta é o da porta estreita, e muitos dos que o seguiram no princípio da caminhada ficaram desconcertados ao ouvir uma pregação totalmente em desacordo com sua época, quando os próprios fariseus, tão seguidores da lei, aplicavam a lei mosaica sem a mínima flexibilidade.

Aquele revolucionário judeu não prometia a felicidade terrena como prêmio aos bons, nem a infelicidade como punição para os maus. Comumente escandalizava ao pregar perdão para as injúrias, amor ao próximo, igualdade de todos, disponibilidade para servir e, o que parecia e parece ainda mais difícil, o desapego material.

Jesus, porém, insiste na porta estreita. "É mais fácil um camelo passar por uma agulha do que um rico entrar no Reino dos Céus". Isso não quer dizer que Cristo discriminasse os ricos. "Agulha" era um dos pórticos de entrada em Jerusalém preferido por muitos, por ser mais curto, mas era também muito estreito. Assim, os mercadores que viessem com seus camelos abarrotados de mercadorias teriam de, forçosamente, desfazer-se de algumas para possibilitar a passagem.

Quem segue o Cristo sabe que, muitas vezes, tem de esvaziar-se de si mesmo. De seu comodismo, desrespeito humano, intolerância para com o próximo e muitas outras cargas que cada um poderá avaliar melhor.

11

Certa vez, Jesus sentou-se em um monte para pregar para a multidão e traçou para todas as pessoas um caminho totalmente diferente, que visava à felicidade eterna.

Bem-aventurados os pobres de espírito, porque deles é o Reino dos Céus. Bem-aventurados os que choram, porque serão consolados. Bem-aventurados os mansos, porque possuirão a terra. Bem-aventurados os que têm fome e sede de justiça, porque serão saciados. Bem-aventurados os misericordiosos, porque alcançarão misericórdia (Mt 5,3-7).

Os "pobres de espírito" são aqueles que não se apegam demais às coisas passageiras, mas caminham com os olhos fixos nos valores que o tempo não apaga. O termo misericórdia, que significa compaixão, piedade, algumas vezes é ocultado dentro das pessoas que temem parecer demasiadamente sentimentais.

A misericórdia para com o próximo é um valor que tem de ser cultivado na caminhada. A Bíblia aponta-nos a misericórdia de Deus para conosco como "eterna", ou seja: sem limite de tempo, "imensa", sem limite de espaço, "universal, abrangendo toda a humanidade".

Sigamos o Cristo. O céu começa aqui, em meio ao mundo conturbado em que vivemos, em meio à nossa luta de cada dia. No fundo de nossa alma, encontra-se tudo o que fará a nossa bem-aventurança. Seguindo as pegadas que ele nos deixou, nós, certamente, o encontraremos no final de nossa jornada.

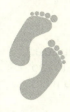

Não temais

Por que temeis, homens de pouca fé?
(Mt 8,26)

A tempestade que sacudia a embarcação onde Jesus e seus apóstolos se encontravam devia ser realmente violenta, pois assustou aqueles homens acostumados ao mar. Segundo Marcos, Jesus dormia tranqüilo, com a cabeça apoiada em um travesseiro, e, acordado por seus amigos aflitos, ordenou ao vento e ao mar que se acalmassem. Em seguida o Senhor fez uma pergunta que ficou sem resposta: "Por que estais amedrontados, homens de pouca fé?" (Mc 4,40).

Essas significativas palavras parecem ecoar em nossas vidas. O temor, este sentimento que ocasionalmente experimentamos e que faz parte de nosso instinto de conservação, assume, por vezes, proporções exageradas. Preocupações e ansiedades, geradas pelo temor do futuro, acabam por quebrar a serenidade interior, que deveria refletir a presença de Deus em nós. Traçamos planos e projetos audaciosos e recorremos a Deus pedindo ajuda, esquecidos de fazer nossa entrega total àquele que realmente sabe do que precisamos. O abandono confiante nas mãos de Cristo, nosso refúgio e segurança, não exclui uma atitude operante, responsável e prudente, pois ele exige, sempre, a nossa colaboração: "Pois é Deus quem realiza em vós o querer e o fazer, segundo a sua vontade" (Fl 2,13).

A filiação divina, condição permanente do nosso ser, é o fundamento de nossa confiança e de nossa paz. A consciência dessa filiação liberta-nos dos temores e ajuda-nos a converter todos os acontecimentos, dos mais simples aos mais adversos, em atos de amor.

São Paulo ensina-nos: "Todas as coisas operam para o bem daqueles que amam a Deus".

A fé é a resposta do ser humano à revelação divina, ou seja: a adesão do ser humano a Deus, que fala. As verdades da fé são transcendentais ou claro-escuro para a nossa razão. A fé é um ato de inteligência movida pela nossa vontade (eu quero crer).

"Embora a fé seja um salto lento para dentro do Infinito de Deus, não é algo irracional, é, antes, uma homenagem racional da criatura ao Criador" (*Introdução teológica*, dom Estevão Bittencourt).

Quando nos sentirmos perturbados e com medo do naufrágio, lembremo-nos das palavras de santo Agostinho: "Cristão, na tua nave dorme Cristo. Desperta-o, que ele admoestará a tempestade e far-se-á a paz".

O companheiro de caminhada

Que assunto é esse que conversais pelo caminho?
(Lc 24,17)

Dois discípulos regressavam a Emaús, profundamente desanimados e entristecidos com os acontecimentos que culminaram com a crucificação do Mestre. Sem entenderem a promessa da ressurreição, com sua inteligência mergulhada na escuridão e seu coração voltado para as próprias decepções, não reconheceram Jesus que caminhava ao lado deles e tentava consolá-los, à medida que lhes explicava as Escrituras Sagradas. Os discípulos falavam de uma realidade passada. "Jesus de Nazaré, que era um profeta poderoso em obras." Usavam a palavra "era", ignorando a princípio a proximidade do Mestre. "És o único habitante de Jerusalém que não sabe o que aconteceu nos últimos dias" (Lc 24,18), diziam eles a Jesus.

O texto leva-nos a refletir em termos de vivência pessoal, se verdadeiramente estamos conscientes da presença de Deus em nossos caminhos e se julgamos e interpretamos os fatos sob a ótica da fé. Como no caminho para Emaús, o Senhor permanece entre nós nos bons e maus momentos de nossa vida. Em Mateus encontramos: "Eu estarei convosco todos os dias até a consumação dos séculos" (Mt 28,20b).

Há uma história singela que muitos conhecem, mas que vale a pena recordar. Dois homens caminhavam lado a lado, deixando pegadas no chão. No árduo momento da subida, apenas se viam as pegadas de um deles. De volta à planície, este reclamou por ter ficado só no momento mais difícil. O outro, porém, explicou que as pegadas deixadas eram suas e que o carregara no colo. Em determinados momentos da vida é importante não nos sentirmos

15

sós e saber que podemos contar com os braços daquele que nos sustenta.

Reconhecer Cristo em nossos caminhos é aceitar sua mão que, amorosamente, se estende para nós com todas as graças necessárias para a nossa salvação; é assumir, livremente, renúncias e sacrifícios decorrentes dessa aceitação.

A nossa disponibilidade para amar, perdoar e servir são frutos da graça e marcam a presença de Deus em nós.

No final da caminhada, os discípulos fizeram a Jesus um pedido muito bonito: "Fica conosco, porque já é tarde, e já declina o dia" (Lc 24,29). Jesus aceitou imediatamente.

Procuremos deter o Cristo para que não caminhemos desorientados e sem rumo. O "dia declina" e precisamos de luz para enxergar o caminho e discernir o essencial do supérfluo. Procuremos, também, deter o nosso *companheiro* de caminhada e, impregnados de sua presença, refletiremos sua imagem no meio em que vivemos.

Quem me tocou?

Jesus, percebendo logo que uma força saía dele, voltou-se para a multidão e disse: "Quem tocou minhas vestes?".
(Mc 5,30)

Uma mulher destacara-se na multidão que seguia Jesus. Segundo os evangelhos de Mateus, Marcos e Lucas, ela sofria de grave hemorragia havia muitos anos e, aproximando-se timidamente por trás do Senhor, com absoluta convicção de que seria curada, estendeu a mão e tocou as vestes de Cristo, ficando livre do mal imediatamente. A pergunta de Jesus sobre quem o tocara era natural de ser feita por um homem cercado e comprimido por várias pessoas, o que lhe impossibilitava perceber o que estava ocorrendo atrás de si.

Contudo, quando ele afirma que uma força saíra dele e que tal força fora capaz de curar, aí já se revela a sua outra natureza: a natureza divina.

Verdadeiro Deus, verdadeiro homem. As duas naturezas — humana e divina — unem-se entre si e subsistem numa só pessoa. A natureza divina está presente no Cristo, na medida em que a natureza do Filho de Deus realiza atividades próprias de Deus, como os milagres, também chamados de "sinais", e o perdão dos pecados. Como homem, nasceu de mulher, pisou nosso chão, alimentou-se dos frutos da terra, fez amigos, trabalhou, alegrou-se, comoveu-se e submeteu-se à morte.

Como Deus, é a segunda pessoa da Santíssima Trindade, Filho unigênito de Deus Pai (igual a ele): "Quem me viu, viu o Pai". Ao nascer de mulher, a Virgem Maria, pela força do Espírito Santo, dignificou a pessoa humana. Pisou nosso chão e, por onde andou, deixou-nos suas pegadas, contidas nos evangelhos. Alimentou-se dos frutos da terra e fez-se alimento para nós através da eucaristia.

Fez amigos e passou a eles a incumbência de espalhar os seus ensinamentos, divulgar a Boa-Nova, até os confins da terra. Submetendo-se à morte, restituiu-nos a vida.

"Filha, a tua fé te salvou. Vai em paz e fica curada do teu mal" (Mc 5,34). Aí está declarada a importância da fé. A atitude confiante daquela mulher leva-nos a refletir sobre o modo como encaminhamos as nossas orações. Confiança, humildade e perseverança são três itens para uma súplica àquele que conhece todas as nossas necessidades e se curva para nós sempre que suplicamos a sua misericórdia.

"Quem tocou minhas vestes?" Nós o tocamos não só através de nossas súplicas confiantes, mas sempre que estendemos nossos braços em direção àqueles que precisam de nós.

Amor e justiça

Jesus disse: "Vós quereis passar por justos, diante dos outros, mas Deus conhece o vosso coração".
(Lc 16,15)

Os respeitáveis escribas e fariseus, reverenciados no Templo de Jerusalém e fiéis seguidores da lei, eram duros e inflexíveis em seus julgamentos. Vestidos com amplas vestes, cumprimentados em praça pública, ocupavam lugares de honra nos banquetes. Jesus, porém, referindo-se a eles, alertava: "No entanto, devoram os bens das viúvas a pretexto de longas orações. Estes serão julgados com maior rigor" (Mc 12,40). Sentindo-se superiores pela conduta moral e severa observância das leis mosaicas, aplicavam a justiça sem piedade, desconhecendo o perdão, voltando as costas a quem deles precisava e mandando apedrejar as adúlteras. Jesus, referindo-se a eles, usava de uma expressão dura, ao chamá-los de sepulcro caiados, limpos por fora e cheios de vermes por dentro.

Quais são, na verdade, os critérios de julgamento na sociedade em que vivemos, onde clamamos por justiça? Comove-nos as grandes lacunas sociais e avolumam-se aos nossos olhos o número de excluídos e injustiçados. O Concílio Vaticano II diz: "Que se satisfaçam, em primeiro lugar, as exigências da justiça, para que não se dê como caridade aquilo que é devido por direito".

Se temos uma responsabilidade social, devemos estar particularmente atentos à nossa responsabilidade individual, quando assumimos o papel de "fiel da balança" em relação a outras pessoas.

A verdadeira justiça, com a qual estamos comprometidos na qualidade de cristãos, terá de ser norteada pela presença de Cristo em nosso próximo e marcada pela caridade, como ele nos ensina: "Se a vossa justiça não ultrapassar a dos escribas e fariseus, não entrareis no Reino dos Céus" (Mt 5,20).

Muitas vezes, escandalizamo-nos com a desconcertante parábola em que um patrão paga igual salário a operários com tempo de trabalho diferente (Mt 20,1-16), e não nos damos conta de que a bondade do patrão, ultrapassando a estreita linha da justiça humana, acabou por beneficiar um maior número de operários.

Os nossos critérios de justiça parecem-nos, então, tão mesquinhos, tão enquadrados, tão distantes daquilo que o Pai espera de nós... Nessa parábola Jesus revela-nos a sua gratuidade ao conceder-nos graças que não merecemos, uma vez que não existe débito para conosco. Mostra-nos, assim, que o amor deverá ser, sempre, a nossa medida.

Com fé, reconheçamos a justiça divina. Com esperança, interpretemos essa justiça como um amoroso convite à bem-aventurança eterna. O Pai espera-nos. O amor falsifica a balança, e exclusivamente pelo peso desse amor infinito seremos salvos.

O chamado

*"Sigam-me e eu vos farei pescadores de homens".
Eles o seguiram imediatamente.*
(Mt 4,19-20)

Caminhava Jesus à beira do mar da Galiléia quando avistou dois pescadores que lançavam suas redes ao mar. Eram Pedro e seu irmão André. Ao ouvirem o chamado de Jesus, largaram as redes e, curiosos, o seguiram. Outra vez, cercado de várias pessoas, ele avistou Levi (Mateus), que era cobrador de impostos para o Império Romano e muito antipatizado pelos judeus. Provavelmente, os olhos de ambos se encontraram. Jesus com sua doce energia, Levi com sua perplexidade. O convite foi incisivo e curto: "'Segue-me!'. Ele se levantou e o seguiu" (Mc 2,14). Assim foram sendo chamados os doze aos quais caberia a tarefa de anunciar a "Boa-Nova".

Cabe-nos uma pergunta: seriam eles melhores que os outros que viviam naquela época? Por que teriam sido escolhidos? A resposta está na gratuidade da graça que Deus concede a alguns. "Chamou a si os que quis, e eles foram ter com ele" (Mc 3,13). Embora Deus conceda a alguns graças especiais, a cada pessoa ele concede todas as graças necessárias para a salvação.

Os discípulos atenderam ao convite sem perguntas, sem reservas, sem impor condições e sem perceberem que estavam colocando-se à disposição do Filho de Deus, que passaria a assumir o papel central em suas existências. A partir daquele momento, suas vidas jamais seriam as mesmas. Certamente, não avaliavam que eles seriam os primeiros membros da Igreja nascente e participantes da missão salvífica do Cristo. Atenderam prontamente, contam-nos os evangelhos. Mas no final da caminhada havia uma cruz, e nela estaria preso o corpo daquele que eles seguiam. Confusos e amedrontados, eles se acovardaram: Pedro, que ouvira de

Jesus "Tu és pedra, e sobre esta pedra edificarei a minha Igreja" (Mt 16,18), ao assistir à prisão do Mestre, tirou a espada e, num rompante, arrancou a orelha do soldado Malco. Momentos depois, temendo simples empregados que se encontravam do lado de fora de onde Jesus estava sendo julgado, negou por três vezes que o conhecia.

A escolha desses discípulos, tão parecidos conosco em nossas fraquezas, enche-nos de esperança.

Quando já não havia mais o Filho de Deus para orientá-los, eles receberam o Espírito Santo, o Santificador, que lhes infundiu a sabedoria suficiente para a divulgação da palavra do Cristo e a coragem indispensável para dar testemunho dos fatos até com a própria vida.

O chamado do Senhor continua a ter um caráter decisivo e gratuito, sendo, sempre, uma iniciativa divina que aguarda a correspondência humana. "Não fostes vós que me escolhestes", diria mais tarde, "mas fui eu que vos escolhi." Há uma frase que se tornou conhecida: "O Senhor não escolhe os capacitados, mas capacita quem escolhe".

Todos somos chamados a diferentes tipos de responsabilidades, sempre considerando os carismas individuais e o livre-arbítrio, ou seja: a capacidade de dizermos sim ou não a tal chamado, sem que isso nos acarrete nenhuma punição de Deus, que respeita a nossa liberdade. As qualificações desses escolhidos, quase sempre, são desproporcionalmente pequenas se comparadas ao que irão realizar, mas a generosa disponibilidade atrai graças divinas: "Olhai quem foi chamado entre vós: não há muitos sábios, segundo a carne, nem muitos poderosos, nem muitos nobres" (1Cor 1,26).

Em nosso caminho incerto, assustados com as limitações e os tropeços, fixemos o olhar nas pegadas daquele que nos chamou e que, não se escandalizando com as nossas fraquezas, está sempre pronto a socorrer-nos.

22

Amor e solidariedade

*"Eu vos dou um novo mandamento:
amai-vos uns aos outros, como eu vos amei."*
(Jo 13,34)

O amor foi, sempre, a sua medida. De Belém ao Calvário, do fazer-se homem ao entregar sua vida, tudo se resumiu nestas palavras: "Como amava os seus que estavam no mundo, amou-os até o fim" (Jo 13,1).

O amor infinito não se parte, é dado por inteiro a cada criatura humana, independentemente de seus méritos pessoais. Não existe "escudo" que impeça que ele chegue até nós, embora muitos o desconheçam. "Eis que estou à porta e bato." O Senhor não força, não arromba, ele nos respeita e espera a nossa abertura. Cristo nos amou com coração humano, embora com medida divina, chegando ao extremo, como vemos: "Ninguém tem maior amor do que aquele que dá a vida por seus amigos" (Jo 15,13).

A tradição aponta-nos a cruz como a direção para respondermos a esse amor, que deverá seguir verticalmente para Deus, e horizontalmente para o próximo.

Próximo? "Quem é meu próximo?", perguntou um doutor da lei. Como resposta, Jesus contou-lhe uma parábola sobre um homem que, assaltado e ferido, ficara estendido à beira da estrada. Por ele passaram, indiferentes, um sacerdote e um levita. Um samaritano, porém, dele se compadeceu e, aproximando-se, cuidou de suas feridas. Em seguida, Jesus perguntou qual seria o próximo daquele homem: "'O que usou de misericórdia para com ele', respondeu o doutor da lei. 'Pois vá e faça o mesmo', disse Jesus" (Lc 10,37). Nessa parábola não apenas vemos enaltecida a solidariedade do samaritano, como sentimos um alerta contra discriminações e rivalidades, uma vez que havia uma antipatia recíproca entre judeus e samaritanos. Essa era uma das lições que teriam de aprender com o Mestre. Os discípulos chegaram a ficar escandalizados quando viram Jesus à beira de um poço conversando com uma mulher da Samaria, a quem pedira água para beber (Jo 4,40). "Quando os samaritanos dele se aproximaram, pediram para que ficasse com eles. Ele ficou dois dias" (Jo 4,27).

Várias passagens da Bíblia apresentam-nos o Filho do Homem, conforme ele mesmo se autodenominava, abrindo os braços para acolher indistintamente todos os que dele se aproximavam.

Em Betânia fora visto na casa de um leproso, e muitos criticavam o fato de o Cristo aceitar convites para fazer refeições na casa de pecadores e pessoas de má fama, ao que ele retrucava: "Os sãos não têm necessidade de médicos, mas sim os enfermos" (Mt 9,12). Assim, o Senhor assentava-se e tomava as refeições ao lado dos pecadores, fazendo-os seus amigos. Ele não impunha condições de arrependimento nem ordenava que confessassem seus pecados, ou que fizessem promessa de mudar de vida. Ele simplesmente se sentava próximo a eles. Isso nos leva a supor que aquela proximidade física com o Cristo os envolveria em graças especiais que eles poderiam aceitar ou não.

O evangelho de Lucas fala-nos de um rico publicano, chamado Zaqueu, que era muito malvisto na região, e que, certa vez, curioso para conhecer Jesus, subiu numa árvore para vê-lo passar. O Senhor, porém, avistando-o, disse: "Zaqueu, desce depressa! Hoje devo hospedar-me em tua casa" (Lc 19,5).

Somos todos iguais. Nenhuma vida humana é isolada. Não somos grãos de areia soltos e levados ao sabor do vento. Cristo uniu-nos num mesmo corpo místico em que ele é a cabeça, e nós, de alguma forma, dependemos uns dos outros. As nossas vidas entrelaçam-se, o que torna insensato desconhecer a existência do outro.

A solidariedade, sentimento que enaltece a condição humana, parece, às vezes, adormecida, mas diante de uma situação de catástrofe, as pessoas juntam as mãos e irmanam-se em Cristo. Mesmo sem que percebam, ele permanece entre elas. A solidariedade não se faz apenas através dos imprescindíveis serviços prestados à comunidade, mas também através da palavra, ou melhor, da escuta. Muitos falam, mas poucos ouvem. Das pessoas que cruzam nossos caminhos haverá, sempre, alguém que gostaria de deter-nos para repartir seus problemas. A solidariedade é constituída, também, de pequenos gestos de afabilidade, compreensão e paciência.

Os primeiros cristãos deixaram-nos exemplos de disponibilidade e partilha sempre voltados para os que deles necessitavam: "E todos os que acreditavam viviam reunidos e tinham todos os bens em comum. Vendiam suas propriedades e seus bens, e os distribuíam por todos, segundo as necessidades de cada um" (At 2,44-45). Reconheçamos ser muito difícil o desapego material na sociedade consumista em que vivemos, embora valha a pena recordar aquela frase singela: "O que temos de sobra pode estar faltando para alguém". Isso se aplica não apenas à parte material, mas também a algum tipo de sabedoria ou riqueza interior que possamos transmitir.

Diante do túmulo de Lázaro, Cristo ordenou que tirassem a pedra e o desembaraçassem de suas faixas para que o morto voltasse a caminhar. "Tirai a pedra!" (Jo 11,39). Essa ordem é dirigida a cada um de nós. Haverá, sempre, uma pedra no caminho do outro: a pedra da fome, do analfabetismo, da incompreensão, da discórdia...

"Desatai-o e deixai-o ir" (Jo 11,44). O Senhor precisa de nossos braços para desembaraçar o outro, para que ele consiga prosseguir em seu caminho.

A solidariedade é o braço horizontal da cruz que adoramos, e ela reflete a presença de Deus em nós.

O retorno

De longe o pai o avistou e, movido de compaixão, correu, lançou-se ao seu pescoço e o beijou.

(Lc 15,20)

Nesta parábola Deus é comparado ao pai que se alegra e recebe de braços abertos o filho que o abandonara após esbanjar todos os seus bens. Em resposta ao protesto do outro filho enciumado, ele respondeu: "Teu irmão estava morto e reviveu, estava perdido e foi encontrado" (Lc 15,32).

Cristo também é representado pelo Bom Pastor, que, tendo perdido uma ovelha, deixa as noventa e nove no aprisco e vai buscar aquela que se perdera. "Digo-vos: assim haverá mais alegria no céu por um só pecador que se converta do que por noventa e nove justos que não precisam de penitência" (Lc 15,7).

Sempre que alguém retorna ao Pai, está respondendo ao seu chamado, pois é ele que, sempre, nos chama primeiro, através de seu Filho, Jesus Cristo, nosso Senhor. Um amor sem limites e sem distinção atrai, sempre, aqueles que têm humildade e abertura para responder o "sim". Um "sim" que muitas vezes incluirá mudança radical de vida ou renúncia de comodismos, maus hábitos, desrespeito humano e incertezas. "Quão estreita é a porta e quão apertado o caminho que conduz à vida, e quão poucos são os que o encontram" (Mt 7,14).

A conversão à fé cristã inicia-se no fundo do coração, à luz do Espírito Santo, e exterioriza-se na caridade, que reflete a presença de Deus em nós. Essa conversão exigirá, sempre, uma vida nova. "Ninguém põe o vinho novo em odres velhos, pois arrebentaria os odres. Para o vinho novo, odres novos!" (Mc 2,22).

No sermão da Montanha, Jesus insiste na conversão interior, ensinando a reconciliação com o irmão antes de apresentar a oferenda no altar (Mt 5,23), o perdão no fundo do coração (Mt 6,14-15), a pureza do coração e a busca do Reino. "Porque, onde está o teu tesouro, aí está o teu coração" (Mt 6,21).

Duas perguntas, normalmente, ressoam aos ouvidos de quem retorna ao Senhor: para mim, quem é Jesus Cristo? Por que este impulso de retornar a ele? Ao reiniciar, debilmente, os primeiros passos do retorno, as pessoas, provavelmente, não saberão responder à primeira. Mas, quanto à segunda, muitas pessoas que se preparam para a iniciação cristã dão seu testemunho, sensibilizadas, de um vazio interior, uma perda, uma decepção ou qualquer outro motivo que levaram a procurar a mão daquele que as sustentaria. "Vinde a mim vós todos que estais aflitos e sobrecarregados e eu vos aliviarei" (Mt 11,28).

Pode até parecer um paradoxo correr ao encontro de quem não se conhece, mas aí está o pensamento de Pascal: "Tu não me procurarias se já não me tivesses encontrado".

Sabemos que o sofrimento e as decepções, muitas vezes, obrigam-nos a acertar o passo de nossa marcha e a mudar o rumo de nosso caminho, sendo importante lembrar que não é Deus quem nos manda o sofrimento como meio de atrair-nos a ele, pois, se assim procedesse, ele não estaria sendo coerente com a liberdade que nos concedeu. Santo Agostinho encaminha essa questão dizendo que Deus não permitiria o mal se não soubesse que dele podemos, ainda, tirar algum bem. Lembremo-nos de que se o mal é a ausência do bem, não é uma realidade positiva, sendo, sempre, gerado por uma falha, uma imperfeição, não podendo vir de Deus, que é o Bem Supremo e Perfeitíssimo. Conseqüentemente, é errôneo atribuir a Deus nossos males de saúde, males decorrentes de condutas erradas ou de decisões equivocadas. Deus só interfere nos acontecimentos se for por nós solicitado através da oração.

Feita a ressalva, voltemos ao fato: qualquer que seja a razão que nos leve ao Cristo, ele nos receberá de braços abertos. Devemos, porém, ter em mente que o nosso tempo é agora. "Vigiai, pois não sabeis o dia nem a hora" (Mt 25,13).

No retorno ao Cristo, o andar vacilante e as dúvidas que comumente afloram não devem interromper a marcha, pois, se o caminho é o da "porta estreita", o Senhor promete-nos: "Todo aquele que o Pai me dá virá a mim. E quem vem a mim, eu não o repelirei" (Jo 6,37).

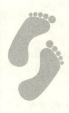

A oração

"Quando vos puserdes em oração, perdoai se tendes alguma coisa contra alguém, para que vosso Pai, que está no céu, vos perdoe."
(Mc 11,25)

Vemos no versículo acima a reconciliação como ponto de partida para a verdadeira prece, embora nos custe perdoar uma ofensa grave, uma injustiça ou uma traição. Perdoar não é esquecer, o que seria improvável, pois temos memória, mas podemos minimizar a falta do outro e colocar-nos à sua disposição se precisar de nós. A visão que temos das ações alheias serão sempre limitadas, pois só Deus penetra fundo no coração humano para o devido julgamento. Cristo deixa-nos um exemplo quando, preso à cruz, clama pelos seus algozes e, para reduzir-lhes a malícia, alega ignorância: "Pai, perdoa, porque eles não sabem o que fazem" (Lc 23,34).

As demais condições relatadas nos evangelhos para eficácia da oração são: fé, humildade, perseverança.

Em Cafarnaum, um centurião, aproximando-se de Jesus, pede que ele cure seu servo paralítico, e o Senhor promete que irá a sua casa para curá-lo. Mas o centurião, imediatamente, faz seu testemunho de fé e humildade ao dizer: "Senhor, eu não sou digno de que entreis em minha casa, mas dizei uma palavra e meu servo será curado" (Mt 8,8). As palavras do Senhor são uma resposta à sua fé. "Em verdade vos digo: não achei tão grande fé em Israel" (Mt 8,10). O Senhor, no final, conclui: "'Vá e faça conforme creste'. E naquele momento o servo ficou curado" (Mt 8,13).

Uma lição de humildade foi-nos deixada na parábola do fariseu e o publicano, na qual o primeiro, de pé no Templo, dava graças a Deus por não ser como os outros homens, enquanto o publicano, humildemente, batia no peito dizendo: "Meu Deus, tem piedade de mim, que sou pecador" (Lc 18,13). Jesus diz que este voltou para casa justificado, "porque todo o que se exalta será humilhado e todo o que se humilha será exaltado" (Lc 18,14).

A perseverança foi-nos apontada na parábola de um homem que fora perturbado durante a noite por um amigo que lhe pedira, insistentemente, três pães. "Digo-vos que, mesmo se ele não se levantar para dar, por ser seu amigo, certamente, pela sua importunação, se levantará" (Lc 11,8).

A oração confiante será sempre eficaz, mesmo que, aparentemente, Deus não nos conceda, exatamente, o que foi pedido. Reflitamos:

Pedi e recebereis; buscai e achareis; batei e vos abrirá. Porque quem pede recebe, quem busca acha e a quem bate se abrirá. Qual de vós é o pai que dá a seu filho uma pedra se ele lhe pede um pão? Ou lhe dá uma serpente se ele lhe pede um peixe? Ou lhe dá um escorpião se ele lhe pede um ovo? (Lc 11,9-12).

A oração abaixo, de autor desconhecido, é condizente com o versículo:

Senhor, pedi força e vigor e tu me mandastes dificuldades para enfrentar. Pedi sabedoria e tu me destes problemas para resolver. Pedi prosperidade e tu me destes energia e cérebro para trabalhar. Pedi coragem e tu me mandastes situações perigosas para resolver. Pedi amor e tu me destes pessoas carentes para ajudar. Pedi favores e tu me destes oportunidades. Não recebi nada do que queria. Recebi tudo de que precisava, pois tu permanecestes ao meu lado em todas as situações da minha vida. Louvado seja o meu Senhor e meu Deus!

Falar com Deus com a confiança de um filho que fala com seu Pai é um dos maiores dons que recebemos. Pedro, certa vez, foi procurar o Senhor com seus amigos e, quando o encontraram, disseram: "Todos te procuram" (Mc 1,37). Através dos séculos a procura continua. Apesar de todo o progresso da ciência e da tecnologia, a humanidade sente "fome de Deus", o que se percebe pela constante busca nas diferentes religiões que se espalham pelo mundo. A criatura humana estará sempre em busca de Deus para saciar seu anseio natural, de um ser finito destinado à eternidade. "Criaste-nos, Senhor, para ti, e o nosso coração estará inquieto enquanto não descansar em ti" (santo Agostinho).

A oração será, sempre, o elo maravilhoso que nos unirá ao Deus de nossa existência. Todas as graças que recebermos através da oração ser-nos-ão concedidas pelo Pai através do Filho, no amor do Espírito Santo.

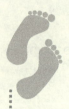

A oração que o Senhor nos ensinou

"Pai, santificado seja o teu nome; venha a nós o teu Reino; o pão nosso de cada dia dá-nos hoje; perdoa-nos os pecados, pois também nós perdoamos a todo o que nos ofende; e não nos deixes cair em tentação."

(Lc 11,2-4)

Jesus, ao ensinar o pai-nosso aos seus discípulos, não ensinou uma fórmula a ser repetida maquinalmente, mas uma perfeita oração a ser compreendida, refletida e vivenciada.

Pai nosso que estais no céu

Nós não mencionamos "meu Pai", mas usamos a palavra "nosso" a fim de que nossa oração seja um só coração e uma só alma, pois todos estamos unidos no corpo místico de Cristo, do qual ele é a cabeça. Assim, as primeiras palavras que pronunciamos nos alertam para o espírito de união e para o nosso comportamento de filhos de Deus, comprometidos em refletir a sua bondade. Quando chamamos Deus de Pai, devemos assumir a nossa condição de filhos, irmãos em Cristo. A palavra "nosso" afasta-nos do individualismo, das divisões e discriminações preconceituosas, englobando a humanidade como um todo.

O *Catecismo da Igreja Católica*, n. 2780, lembra-nos: "Podemos invocar a Deus como Pai porque ele nos foi revelado por seu Filho feito homem e seu Espírito no-lo dá a conhecer".

No Antigo Testamento, vemos que ninguém ousava pronunciar o nome de Deus e muito menos chamá-lo de Pai. No Novo Testamento, a humanidade invoca o Pai que a resgatou na pessoa de seu Filho unigênito (igual a ele), Jesus Cristo, nosso Senhor. O Novo Testamento estimula-nos a olhar para o alto e orar por todos os que ainda não conhecem a Deus, a fim de que sejam congregados na unidade (Jo 11,52).

A expressão "que estais no céu" não significa um lugar (espaço), mas uma maneira de ser; significa a majestade de Deus acima de todas as coisas e sua presença no coração dos seres humanos. Não indica um afastamento, mas uma aproximação respeitosa e confiante. A palavra "céu" significa morada eterna, casa do Pai, portanto nossa pátria, da qual somos herdeiros na qualidade de filhos. Se o Antigo Testamento relata a difícil caminhada do Povo de Deus em direção à terra prometida, o Novo Testamento aponta-nos a casa do Pai como a direção a ser tomada por nós, "cidadãos do céu".

Santificado seja o vosso nome

O nome exprime a essência, a identidade, é o meio de tornarse acessível ao outro. Deus revelou-se aos poucos e a revelação do nome divino foi feita a Moisés na teofania da sarça ardente. Enquanto Moisés, surpreso, observava a sarça que se queimava sem se extinguir, ouvia a voz do Senhor, que dizia: "Eu sou o Deus de teu pai, o Deus de Abraão, o Deus de Isaac, o Deus de Jacó" (Ex 3,6). Em Lv 22,32, encontramos: "Não profaneis o meu santo nome, para que eu seja santificado no meio dos israelitas. Eu sou o Senhor que vos santifica".

Ao invocarmos "Santificado seja o vosso nome", entramos no plano de Deus, reconhecendo que este nome salva, e pedimos que ele seja santificado por nós em nossas vidas e na vida de nossos irmãos em Cristo.

Jesus dizia: "Pai Santo, guarda em teu nome o que me destes, para que eles sejam um, como nós" (Jo 17,11). A oração de Jesus dirigida ao Pai, e conhecida como oração sacerdotal, é endereçada não só aos discípulos, mas a todos os fiéis que ele resgatou e que devem manter-se unidos como ele e o Pai estão unidos num só Deus.

Na liturgia da missa, repetimos: "Santo, Santo, Santo é o Senhor Deus do universo, o céu e a terra proclamam a vossa glória, hosana nas alturas, bendito o que vem em nome do Senhor".

Venha a nós o vosso Reino

João Batista, aquele que veio para preparar os caminhos do Senhor, pregava no deserto e dizia: "Fazei penitência, porque está próximo o Reino dos Céus" (Mt 3,1-2). O Reino de Deus aproximou-se de nós quando o Filho de Deus se fez homem, foi anunciado ao longo de sua caminhada, como nos contam os evangelhos, e alcançou a plenitude com a sua morte e ressurreição. Em suas pregações, o Senhor, explicando o que é Reino, compara-o a uma pérola preciosa (Mt 13,45-46): quem a encontra, vende tudo para possuí-la; bem como a um "tesouro escondido no campo": o homem que o achou torna a escondê-lo, cheio de alegria, vende tudo o que tem e compra aquele campo (Mt 13,44).

Os três pedidos iniciais do pai-nosso têm por objetivo a glória do Pai, e a santificação do nome. A vinda do Reino é o cumprimento da vontade divina. O *Catecismo da Igreja Católica* ensina-nos que, enquanto se espera a volta do Senhor Jesus Cristo e a vinda final do Reino de Deus, reza-se o pai-nosso pelo crescimento do Reino de Deus no "hoje" das nossas vidas. O Senhor ensina-nos que não é através de palavras que chegamos ao Reino, "mas sim aquele que faz a vontade de meu Pai que está no céu" (Mt 7,21).

Seja feita a vossa vontade, assim na terra como no céu

A vontade de nosso Pai é que todos se salvem. Pedro dizia que Deus usa de paciência porque não quer que ninguém se perca. A vontade de Deus está especificada nesta analogia com as ovelhas: "Minhas ovelhas ouvem minha voz; eu as conheço e elas me seguem. Eu lhes dou a vida eterna. Elas jamais perecerão e ninguém as arrebatará de mim" (Jo 10,27-28). Cristo deu-nos exemplo de total submissão à vontade do Pai. Momentos antes de ser preso, orando no monte das Oliveiras, anteviu todo o horror que o aguardava e pediu: "Pai, se possível, afaste de mim este cálice. Contudo, que não se faça a minha vontade, mas sim a tua vontade" (Mt 26,39). Em Gl 1,4, encontramos: "Ele entregou a si mesmo pelos nossos pecados, segundo a vontade de Deus". Graças a essa vontade é que somos santificados pela oferenda do corpo de Jesus Cristo (Hb 10,10).

Todos os que se dispõem a seguir as pegadas que Cristo deixou terão de imitá-lo amando o que Deus quer e aceitando a sua vontade, que, muitas vezes, não corresponde à nossa. Assim, poderemos pertencer àquela família que ele nos aponta e cujos laços são mais fortes dos que os laços de sangue. "Pois todo aquele que faz a vontade de meu Pai, que está no céu, esse é meu irmão, minha irmã, minha mãe" (Mc 3,35).

O pão nosso de cada dia nos dai hoje

Em união com os nossos irmãos, apresentamos nossas súplicas pelo pão, que é o alimento que nos sustenta, ao mesmo tempo em que demonstramos nossa confiança naquele a quem pertencemos e de quem recebemos tudo o que precisamos para a nossa salvação.

Esta invocação engloba todos os que têm falta de pão e que enfrentam o drama da fome, da injustiça e da desigualdade. Rezamos, assim, para que o mundo desperte, e que a abundância de uns venha em socorro das necessidades dos outros. "Rezai como se tudo dependesse de Deus e trabalhai como se tudo dependesse de vós", dizia santo Inácio de Loyola.

Temos de considerar, também, outro tipo de fome, que é a "fome de Deus", a necessidade de conhecer e de ser confortado pela Palavra de Deus. "O ser humano não vive apenas de pão, mas de tudo aquilo que sai da boca de Deus" (Mt 4,4).

Perdoai as nossas ofensas, assim como nós perdoamos a quem nos tem ofendido

Nesta frase, como o "filho pródigo", voltamos ao Pai confiantes na sua misericórdia, enquanto confessamos a nossa miséria.

O Senhor está sempre à espera de que voltemos a ele, porque conhece as nossas fraquezas. Agonizante, preso ao madeiro da cruz, Cristo implora: "Pai, perdoa-lhes, porque não sabem o que fazem!" (Lc 23,34).

Essa fonte de misericórdia jorrará, sempre, para o coração que, verdadeiramente arrependido, proferir com sinceridade: "Assim como nós perdoamos a quem nos tem ofendido".

Pedro, certa vez, perguntou ao Senhor Jesus: "'Quantas vezes devo perdoar o meu irmão que pecar contra mim? Até sete vezes?'. 'Não te digo sete vezes', respondeu Jesus, 'mas até setenta vezes sete'" (Mt 18,21-22).

O perdão dá o testemunho de que o amor será, sempre, mais forte que o pecado e nos trará a esperança de um mundo melhor.

Não nos deixeis cair em tentação

Com esta súplica pedimos ao Senhor que não nos deixe enveredar pelo caminho que conduzirá ao pecado. Não cair em tentação envolve uma decisão do coração, uma confiança naquele que não permitiria que fôssemos tentados acima de nossas forças. "Este pedido implora o Espírito de discernimento e de fortaleza, solicita a graça da vigilância e a perseverança final" (*Catecismo da Igreja Católica*).

Mas livrai-nos do mal

Neste último pedido ao nosso Pai, o mal não é uma abstração, mas designa uma pessoa, oposta a Deus e que se opõe a seu plano de salvação: o Maligno.

Pede, também, que nos defenda dos males presentes, passados e futuros e daqueles que atingem a humanidade como um todo.

Na liturgia da missa, encontramos: "Livrai-nos de todos os males, ó Pai, e dai-nos hoje a vossa paz. Ajudados pela vossa misericórdia, sejamos livres do pecado e protegidos de todos os perigos"... Amém.

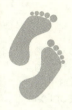

Senhor, que eu veja

> *"Eu sou a luz do mundo.
> Quem me segue, não anda nas trevas,
> mas terá a luz da vida."*
> (Jo 8,12)

Sentado à beira do caminho por onde Jesus passava, lá estava o cego Bartimeu à espera da luz. Ao sentir que o Senhor se aproximava, certamente a maior oportunidade de sua vida, encheu-se de fé e esperança e clamou, insistentemente, pelo Messias. Muitos tentaram silenciá-lo, mas ele continuou a gritar.

Santo Agostinho, comentando este texto do Evangelho, pondera que, quando alguém se dispõe a chamar pelo Cristo, e a segui-lo, freqüentemente encontra obstáculos nas pessoas que o rodeiam. Dizia: "As pessoas proferem coisas para que nós, os cegos, não gritemos".

Indiferente a todos, Bartimeu persistiu: "Jesus, filho de Davi, tende piedade de mim!" (Lc 18,38).

No mundo conturbado em que vivemos, não raro falta-nos a sutileza para perceber quando o Cristo se aproxima de nós, e a nossa fé é insuficiente para detê-lo. O cego transformou sua fé em oração suplicando: "Senhor, que eu veja" (Lc 18,41). Ao recuperar a visão, ele enxergou, em primeiro lugar, a face misericordiosa do Cristo e, provavelmente, essa imagem permaneceu gravada para sempre em seu coração. Contam os evangelhos de Marcos e Lucas que, depois de curado, ele glorificou a Deus e seguiu Jesus em seu caminho.

Pascal atribui a Jesus uma frase que sintetiza a correspondência do ser humano à graça divina: "Tu não me procurarias se já não me tivesses encontrado". Nós poderíamos completar: tu não resistirias seguir-me se me visses como eu te vejo. Pois quando se reconhece o Cristo, torna-se irresistível segui-lo.

37

A história desse cego é um pouco a nossa quando, às vezes, tateamos nas trevas e não sabemos que rumo tomar. Eis, porém, que toda esperança renasce forte quando somos tocados pela graça e vislumbramos uma luz em resposta àquela nossa súplica: "Senhor, que eu veja".

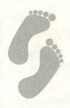

A semente da Palavra de Deus

"Caiu em terra boa e deu fruto."
(Mt 13,8)

Usando parábolas, o Senhor Jesus anunciava o Reino de Deus de uma maneira bastante compreensível à multidão que o seguia. Certa vez, disse: "Saiu o semeador a semear a sua semente" (Mt 13,3). Em seguida, mencionou os diferentes tipos de solos e os perigos que a sementinha teria de enfrentar, como as aves famintas, os terrenos pedregosos e os espinhos. Aquela, porém, que caiu em terra fértil, deu fruto. O semeador não escolheu o chão para espalhar a semente e o fez, generosamente, por toda parte. Assim também o Senhor espalha a todos, indiscriminadamente, as graças necessárias à salvação.

Esta parábola mostra-nos que o Reino de Deus não é algo pronto, mas um processo lento, que exigirá, sempre, a cooperação do ser humano com a graça de Deus, começando pela abertura para receber tal graça, o que tornará o terreno fértil.

Todos os citados agentes externos simbolizam as dificuldades que impossibilitam a penetração da Palavra de Deus no coração comprometido no tumultuado mundo em que vivemos. Muitos recebem a Palavra, mas o entusiasmo de uma determinada época é substituído pelo desânimo e pela rotina das preocupações diárias. Com o passar do tempo, os rudimentos de uma formação religiosa não aprofundada e vivida assemelham-se a uma fotografia amarelada que, algum dia, teve alguma significação especial. É o momento de uma nova semente ser lançada, pois talvez já exista um sulco de terra fértil à espera dela.

O que importa é semear sempre, sem desanimar com a semente caída, aparentemente, em terreno impróprio para frutificar.

O que importa é respeitar o caminhar do próximo e não apressar a colheita, pois diferentes frutos têm diferentes tempos de amadurecimento.

O que importa é não desanimar ao perceber que quem semeia nem sempre é quem colhe. Paulo, na Epístola aos Coríntios, diz que quem planta não é nada, quem rega também não, mas Deus é quem faz crescer.

É importante lembrar que, na sociedade em que vivemos, a contestação faz parte do dia-a-dia, e isso deve impulsionar os cristãos para aprofundarem-se cada vez mais na doutrina, para dialogarem quando interpelados. Em 1Pd 3,15 encontramos: "Glorificai o Cristo Senhor em vosso coração, sempre prontos para responder a quem quer que vos peça a razão da esperança que vos anima".

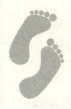

Multiplicar e repartir o pão

Todos os que comeram saciaram-se, e dos pedaços que sobraram ainda encheram doze cestos.
(Mt 14,20)

Entristecido após o comunicado da morte de seu primo João Batista, o Senhor retirou-se para um lugar afastado, mas uma grande multidão o seguiu. Acima do seu abatimento como homem estava a sua missão divina de cuidar daqueles que dele necessitavam. Referindo-se à multidão, diz o Evangelho: "Teve compaixão dela e curou os enfermos" (Mt 14,14). Ao cair da tarde, fascinados com suas palavras, que pareciam aliviar os corações desesperançados, permaneceram naquela região deserta e sem meios de alimentação. Em vez de dispersar as pessoas para que elas pudessem comer conforme os discípulos sugeriram, o Senhor uniu-as ainda mais através do milagre da multiplicação dos pães. Ordenou, então, que se sentassem em grupos e, tomando cinco pães e dois peixes, levantou os olhos para o céu e os abençoou. Em seguida, seus discípulos repartiram os pães e os peixes entre o povo. "Todos comeram e saciaram-se..."

Esse milagre foi o prenúncio da eucaristia, que é o pão da vida que, unidos, comungamos e que foi antecipado no Antigo Testamento pelo maná, o pão descido do céu dado por Deus para saciar a fome de seu povo (Ex 16,35).

O Senhor fez uma analogia do maná com o pão da vida:

Eu sou o pão da vida. Vossos pais comeram o maná no deserto e morreram. Este é o pão vivo que desceu do céu. Quem dele comer não morre. Eu sou o pão vivo descido do céu. Se alguém comer deste pão viverá para sempre. E o pão que darei é a minha carne, para a vida do mundo (Jo 6,48-51).

Nessa passagem sentimos que a fonte do milagre é o amor manifestado em Jesus, que se preocupa com doentes e necessitados e lhes dá o alimento de sustento para o corpo, enquanto a eucaristia dá-nos o alimento que sustenta a alma.

Todo aquele que se aproxima para receber o pão da vida deve questionar-se, verdadeiramente, se exerce a partilha para com o outro. Esse exemplo de partilha foi-nos dado pelos primeiros cristãos, que "vendiam os seus bens e os dividiam segundo as necessidades de cada um" (At 2,45). Mais adiante, sabemos que "tomavam as refeições com alegria e simplicidade de coração" (At 2,46).

A fome é uma realidade que se espalha pelo mundo, embora muito alimento seja produzido e máquinas e técnicas de irrigação sejam aperfeiçoadas cada vez mais. Isso nos leva a concluir que existe, em nossos dias, um gravíssimo problema de ordem ética, que se exterioriza na prioridade que é dada na aplicação de recursos financeiros.

Agora e sempre o milagre de Jesus sinaliza-nos para a importância de multiplicar e repartir o pão.

Para você, quem é Jesus?

"E vós, quem dizeis que eu sou?", perguntou-lhes Jesus. "Tu és o Filho de Deus vivo", respondeu Simão Pedro.

(Mt 16,15-16)

Enquanto alguns diziam que Jesus era João Batista, Elias ou algum profeta, Pedro, com firmeza, fez ao Cristo o seu testemunho de fé. Deve-se esclarecer que a idéia da reencarnação já existia antes de Cristo, daí a menção dessas duas pessoas já falecidas, que geraram dúvidas. O Novo Testamento afasta a crença da reencarnação: "Para os homens está estabelecido morrer uma só vez e logo em seguida virá o juízo" (Hb 9,27).

Consideremos, agora, a identidade que Jesus atribui a si mesmo. Ele se proclamou *Messias* (em hebraico: *Meshiha*), que significava *ungido*, conforme os reis da época. Ele fora ungido pelo Espírito Santo. Descendente do rei Davi, era aquele esperado para salvar seu povo, e Israel vivia na expectativa do messias já prometido no Antigo Testamento. Certa vez, uma samaritana perguntou ao Senhor se ele era, realmente, o messias, que se chama Cristo, e ele confirmou. "Sou eu que falo contigo" (Jo 4,26).

O Senhor não se proclamou apenas como o enviado de Deus, mas identificou-se com o próprio *Deus*: "Quem me viu, viu o Pai. Como dizes 'mostra-me o Pai', não crês que eu estou no Pai e ele está em mim?..." (Jo 14,9-10).

Assim, Jesus proclama-se o *Filho de Deus*. Em 1Jo 4,9 encontramos: "O amor de Deus para conosco se manifesta por ter enviado ao mundo seu Filho Unigênito, a fim de vivermos por ele". Deus Pai apresenta-nos o próprio Filho em duas ocasiões distintas. No batismo de Jesus: "Este é o meu Filho muito amado, em quem ponho a minha afeição" (Mt 3,17). Na Transfiguração: "Este

43

é o meu Filho muito amado, em quem eu ponho a minha afeição, escutai-o!" (Mt 17,5). Sendo que a última apresentação já encerra um convite: "Escutai-o!".

Jesus também se intitulava *Filho do Homem*: "As raposas têm tocas, as aves do céu têm ninhos, mas o Filho do Homem não tem onde reclinar a cabeça" (Mt 8,20). Em Mc 2,10, encontramos que o Filho do Homem perdoa os pecados. A razão pela qual preferia ser chamado Filho do Homem era porque o Senhor queria guardar o segredo messiânico, embora não desejasse que qualquer conotação política fosse atribuída à sua pessoa. "Meu Reino não é deste mundo" (18,36).

O termo *Senhor* foi transferido do Antigo Testamento para o Novo Testamento como *Kyrios*, *Senhor* (em grego). Na sua profissão de fé, Tomé, diante do Senhor Ressuscitado, prostrou-se ao chão dizendo: "Meu Senhor e meu Deus!" (Jo 20,28).

Jesus significa, em hebraico, Deus salva. O evangelho de Lucas mostra-nos: "O anjo disse: 'Não temais, Maria, pois achaste graça diante de Deus. Conceberás e darás à luz um filho, no qual porás o nome de Jesus. Ele será grande e Filho do Altíssimo'" (Lc 1,30-32).

Cristo é a tradução grega de *Messias*: "Hoje, na cidade de Davi, nasceu-vos o Salvador, que é o Cristo Senhor" (Lc 2,11). No processo de condenação, Jesus associa o título de Messias ao de Filho do Homem glorificado. "De novo o sumo sacerdote interrogou-o e disse-lhe: 'Tu és o Cristo, Filho do Bendito?'. 'Eu sou', respondeu Jesus, 'e vereis o Filho do Homem sentado à direita do Onipotente vindo sobre as nuvens do céu'" (Mc 14,61-62).

O cumprimento das profecias do Antigo Testamento referentes ao Messias, os sinais (milagres) por ele apresentado, e que revelaram sua natureza divina, e as palavras a nós transmitidas dão-nos o testemunho de que o Pai o enviou, e a nossa fé é a resposta a tal revelação. "Deus revelou-se plenamente enviando seu próprio Filho, no qual estabeleceu a sua Aliança para sempre. O Filho é a palavra definitiva do Pai, de sorte que depois dele não haverá outra revelação" (*Catecismo da Igreja Católica*, n. 73).

Jesus é o *Cordeiro de Deus*: "Eis o Cordeiro de Deus, aquele que tira o pecado do mundo", conforme nos foi apresentado por João Batista (Jo 1,29).

Jesus é *Vida:* "Eu sou a ressurreição e a vida", afirmou Jesus. "Quem crer em mim, ainda que tenha morrido, viverá" (Jo 11,25). Assim se pronunciou a Marta, pouco antes de ressuscitar-lhe o irmão, Lázaro.

Jesus é a *Água Viva*: "Quem beber desta água, terá sede de novo", respondeu Jesus, "mas quem beber da água que eu lhe darei, nunca mais terá sede. A água que eu lhe darei tornar-se-á uma fonte que jorra para a vida eterna" (Jo 4,13-14). Essas foram as palavras ditas por ele à samaritana à beira de um poço. Ela entendeu, inicialmente, o sentido natural da água, mas, para Jesus, água viva é, na verdade, a graça especial dada por ele aos que crerem nele.

Jesus é o *Bom Pastor*, aquele que dá a vida pelas suas ovelhas (Jo 10,10-11): "Eu vim para que todos tenham vida, e a tenham em abundância".

Jesus é o *Amigo que nos salva nas dificuldades*: "Vendo a violência do vento, teve medo e, começando a submergir, gritou: 'Senhor, salva-me!'. No mesmo instante, Jesus estendeu a mão, segurou-o, e disse-lhe: 'Homem de pouca fé, por que duvidaste?'" (Mt 14,30-31). Dessa maneira, Jesus socorreu a Pedro, mas advertiu da importância da fé.

Jesus é o *Médico Divino,* que cura o leproso: "'Se queres, tu podes curar-me'. Compadecido dele, Jesus estendeu a mão e o tocou dizendo: 'Eu quero, fica limpo'" (Mc 1,41). Mais uma vez, assistimos à ação da misericórdia do Senhor em resposta à fé.

Jesus é a *Videira*: "Eu sou a videira, vós sois os ramos. Quem permanece em mim e eu nele, esse dá frutos. Porque sem mim nada podeis fazer" (Jo 15,5). Unidos ao tronco, recebemos a seiva que nos sustenta e nos permite dar frutos.

Jesus é o *Divino Pedagogo*, enviado pelo Pai, que pregava o Reino usando parábolas, traço típico de seu ensinamento para estimular a conversão interior testemunhada por atos. "Palavras não bastam."

Ao concluir a primeira parte deste livro, cabe-nos uma pausa para reflexão: *Para mim, quem é Jesus? Que posição ele ocupa em minha vida?*

PARTE II

UMA CRUZ NO FINAL DO CAMINHO

Quando eu for levantado da terra, atrairei todos os homens a mim.

(Jo 12,32)

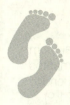

Em direção à cruz redentora

"Se alguém quer seguir-me, renuncie a si mesmo, tome a sua cruz e siga-me."
(Mt 16,24)

Todos os que se propõem a seguir as pegadas do Senhor, da Galiléia ao Calvário, terão de aceitar-lhe a vontade, mesmo sem compreendê-la em profundidade, e colocar Cristo no centro de suas vidas como um fator de convergência, vivenciando, assim, as palavras do texto litúrgico da missa: "Por Cristo, com Cristo, em Cristo".

Nas pregações através da Judéia e da Galiléia, onde o Senhor pregava o Reino de Deus, ele expulsava os demônios, curava as enfermidades e uma grande multidão o seguia. Em Nazaré, não fez muitos milagres por causa da incredulidade deles (Mt 13,58). Em Samaria, foi rejeitado porque estava acompanhado de um grande número de judeus, e a rivalidade entre samaritanos e judeus permanecia muito forte. Muitos dos que o seguiam eram, realmente, carentes da palavra ou da cura corporal, mas outros estavam apenas curiosos e, à medida que os ensinamentos do Senhor se tornavam mais exigentes e implicavam uma mudança radical de vida, eles se afastavam. "Amai os vossos inimigos, orai pelos que vos perseguem" (Mt 5,44), dizia Jesus. "Não julgueis e não sereis julgados. Pois, assim como medirdes, com a mesma medida sereis medidos" (Mt 7,1-2). "Quando deres uma esmola, não saiba a mão esquerda o que faz a direita, para que a tua esmola fique em segredo. E teu Pai, que vê o oculto, te recompensará" (Mt 6,3-4).

Essa atitude de afastamento daqueles que se recusavam à conversão interior permanece em todos os que tentam torcer a Palavra de Deus ou adaptá-la à própria vontade.

A entrada de Jesus em Jerusalém, porém, foi triunfal, com grande multidão acenando com ramos, estendendo seus mantos para ele passar, e gritando alto: "Hosana ao Filho de Davi! Bendito o que vem em nome do Senhor! Hosana nas alturas!" (Mt 21,9).

Mesmo cientes da incoerência humana, às vezes nos perguntamos se seriam esses os mesmos que gritariam depois "crucifique-o".

Quando lemos os evangelhos, observamos o recuo dos amigos de Jesus, amedrontados ao vislumbrarem uma cruz no final do caminho.

Onde estavam aqueles discípulos que o seguiram a cada passo, que gozaram de certa familiaridade com Cristo e dele receberam atenções especiais? Somente João permaneceria ao pé da cruz, ao lado de Maria, mãe de Jesus, da irmã de sua mãe, mulher de Cléofas, e de Maria Madalena (Jo 19,25).

O Senhor tentara prepará-los para os terríveis fatos que aconteceriam: "'Guardai nos vossos ouvidos estas palavras: o Filho do Homem vai ser entregue nas mãos dos homens, que o matarão, e ele ressuscitará no terceiro dia'. Eles se entristeceram profundamente" (Mt 17,22-23).

Homens simples, embora reconhecessem ser o Filho do Homem o Messias esperado, estavam acovardados e só mais tarde, quando tocados pelo Espírito Santo, que lhes incutiria sabedoria e coragem, é que se tornariam aptos para divulgar a Palavra (Boa-Nova).

Vivenciou, assim, o texto apresentado por Mt 16,25: "Porque, quem quiser salvar a sua vida, há de perdê-la. E quem perder a sua vida por mim, há de encontrá-la".

A última ceia pascal

"Desejei comer esta Páscoa convosco antes de sofrer."
(Lc 22,15)

Este versículo apresenta-nos o Filho de Deus como um homem consciente de que sua hora havia chegado e que, sensibilizado, se despede de seus amigos e tenta consolá-los com a promessa da ressurreição, pois sabia que eles ficariam confusos com os episódios dolorosos que haveriam de presenciar. "Assim, vós estais tristes agora, mas eu virei outra vez e a vossa tristeza se converterá em alegria" (Jo 16,22).

Aproximava-se a época da Páscoa judaica e, antes da ceia com seus discípulos, o Senhor, deitando água numa bacia, curvou-se e, cingindo a cintura com uma toalha, lavou-lhes os pés. Entre os judeus, a ação de lavar os pés de outra pessoa não podia ser imposta nem a um escravo, e com esse gesto simbólico o Senhor propõe a sua humilhação e serviço como um exemplo.

A Páscoa, para os judeus, era o memorial da libertação do Povo de Deus escravizado no Egito. Na ceia, comiam o pão ázimo (sem fermento) para simbolizar a pressa da partida e recordar o maná do deserto que lhes servira de alimento, lembrando, sempre, que o povo devia viver do pão da Palavra de Deus. As ervas amargas evocavam as agruras do êxodo, a carne do cordeiro macho e sem manchas era o alimento, enquanto o seu sangue, que fora derramado sobre os umbrais das portas dos judeus, os livraria do *anjo da morte*.

Na Páscoa cristã, Cristo é o cordeiro imolado, ao mesmo tempo, sacerdote e vítima. Jesus, instituindo a eucaristia na última ceia, dá um sentido novo e definitivo à bênção do pão e do vinho. "Porque minha carne é verdadeiramente comida e meu sangue, verdadeiramente bebida. Quem come minha carne e bebe meu sangue permanece em mim e eu nele" (Jo 6,55-56).

O *Catecismo da Igreja Católica* aponta-nos a *eucaristia* como o "sacramento do amor, sinal de unidade, vínculo da caridade, banquete pascal em que Cristo é recebido como alimento, o espírito é cumulado de graça e é-nos dado o penhor da glória futura".

O *Catecismo* aponta-nos várias significações para esse sacramento de amor. *Eucaristia* porque é ação de graças a Deus, "eucharistein" (Lc 22,19), lembrando as bênçãos judaicas que proclamam, sobretudo durante as refeições, a obra de Deus: a criação, a redenção e a santificação. *Ceia do Senhor* evoca a ceia que o Senhor fez com seus discípulos. A *fração do pão*, nome que evoca a atitude dos primeiros cristãos que, seguindo o exemplo dos discípulos, repartiam entre eles um único pão, que simbolizava a união de todos em Cristo, e de onde vem o termo *comunhão*, que nos torna participantes do corpo e do sangue de Cristo para formar um só corpo. Todos os que comungam devem testemunhar em atos o espírito de união e partilha.

Terminada a ceia, Cristo encaminhou-se para um horto chamado *Getsêmani* (horto das Oliveiras) acompanhado de Pedro, Tiago e João, os mesmos que haviam presenciado o momento glorioso da Transfiguração, que foi uma consolação antecipada pelo horror que sentiriam ao presenciar a humilhante prisão do Senhor.

Cristo, sem ter pecado, para vivenciar o processo de salvação, aceitou carregar consigo o pecado de toda a humanidade. O profeta Isaías, séculos antes, já havia previsto os acontecimentos que só então se concretizavam:

> *Ele foi esmagado pelas nossas iniqüidades; o castigo que nos dá a salvação caiu sobre ele e suas feridas nos curaram. Todos nós andávamos extraviados como ovelhas; cada um de nós se desviava para o próprio caminho... Maltratado, ele se humilhava e não abria a boca. Era como cordeiro conduzido para o matadouro (Is 53,5ss).*

Começava, assim, a caminhada do Salvador para restituir-nos a vida. E para fortalecer-nos através dos séculos, deixou-nos o *pão da vida*, a *eucaristia*.

52

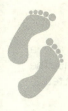

Redenção

Eis o Cordeiro de Deus, que tira o pecado do mundo.
(Jo 1,29)

Existem várias correntes que apregoam a auto-redenção no sentido de que a salvação se processa, exclusivamente, pela própria disposição pessoal. "A inatingibilidade da salvação pelo ser humano e sua atingibilidade conseguida pela graça de Deus, podem ser consideradas propriedades transcendentais da mesma salvação" (*Mysterium salutis*).

De Deus vem sempre a graça. De nossa parte, usando a nossa liberdade e o nosso discernimento, terá de vir a resposta "eu quero".

A redenção cristã é a heterorredenção, ou seja: redenção por outro. Ela parte da premissa de que, no início dos tempos, houve um distanciamento voluntário da criatura humana em relação ao seu Criador. Assim, a pessoa torna-se incapaz de preencher a lacuna que transcende à sua própria natureza e necessita de um mediador.

Muitas vezes, surge uma visão perturbadora e incompreensível de um Pai sumamente bom e justo que exige o sangue do próprio Filho para ser aplacado. Nesse caso tem de ser considerado o transbordamento do amor desse Filho ao aceitar a vontade do Pai. O Filho recebeu, então, uma multidão de irmãos, que lhes foram confiados e que se tornarão herdeiros do Reino. No Sl 2,8, encontramos: "Eu te darei por herança os povos, e por domínio os confins da terra". Na oração de Jesus endereçada ao Pai, chamada "oração sacerdotal", ele reza não apenas pelos discípulos, mas por todos nós. "Não rogo apenas por eles, mas por todos que crerem em mim, por sua Palavra... Dá-lhes a glória que tu me deste, a fim de que sejam um, como nós somos um" (Jo 17,20-22). Mais

53

tarde, referindo-se às suas ovelhas, confiou: "Eu lhes dou a vida eterna, por isso elas não perecerão para sempre. Meu Pai, que me deu estas ovelhas, é maior do que todos, e ninguém poderá retirá-las da mão do Pai. Eu e o Pai somos um" (Jo 10,28-30).

Muitos, ainda hoje, perguntam o porquê de um sacrifício cruento nesse processo da salvação, quando bastaria a vontade de Deus. Acontece que Deus respeita tal componente de sangue que durante tanto tempo fez parte da simbologia humana. O Antigo Testamento apresenta-nos sacrifícios expiatórios com o oferecimento do sangue de animais irracionais, vítimas que não estariam à altura nem de Deus nem do ser humano. Como suprir esse abismo intransponível entre a hediondez do pecado e a infinita santidade do Criador? Para suprir tal deficiência o Filho assume a natureza humana e entrega-se ao sacrifício único e definitivo, tornando-se, ao mesmo tempo, sacerdote (que oferece) e vítima. Na Epístola de Paulo aos Hebreus, encontramos: "Entrando no mundo, disse Cristo: 'Não quiseste nem sacrifício nem oblação. Mas tu me formaste um corpo. Não te agradaram nem holocaustos nem sacrifícios pelos pecados. Então, eu disse: Eis que venho... Para fazer, ó Deus, a tua vontade'" (10,5-7).

Essa entrega de Cristo deveria manifestar-se de maneira visível e solene, com a oblação cruenta de seu corpo sobre a cruz. "E eu, quando for levantado da terra, atrairei todos os homens a mim" (Jo 12,32).

Esse ato sacrifical, de valor infinito pela dignidade da vítima, é sobejamente satisfatório e capaz de expiar os pecados de todas as gerações humanas.

Considerando o alto preço de nosso resgate, só nos resta firmeza e convicção ao respondermos: "Eu quero".

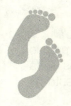

Qual a visão que temos da Paixão de Cristo?

Carregou os nossos pecados sobre seu corpo.
(1Pd 2,24)

A reação mais comum e superficial sobre a Paixão é a natural repulsa diante da tortura impingida àquele homem que professamos ser o nosso Redentor.

De um lado estamos nós, pecadores, do outro está Cristo, que sofre e expia a pena pelos nossos pecados, mas que se mantém distante deles, uma vez que nunca pecou. Acontece que a relação do Senhor com o pecado não é indireta, mas extremamente próxima e real, uma vez que ele carregou em si o pecado de toda a humanidade. Ele "se fez pecado". Quando João Batista batizava no rio Jordão, ele se aproximou e, entrando nas águas, pediu para ser batizado também.

Para mergulharmos profundamente no mistério da salvação, torna-se importante ter uma visão concreta, dar um nome, uma face a essa realidade que em nossos dias relutamos admitir: o pecado. Jesus assume o orgulho humano, a hipocrisia, a luxúria, a violência, a injustiça, a exploração dos fracos pelos mais fortes e o ódio que muitos semeiam nos seus caminhos.

Todo o sacrifício do Filho de Deus tornar-se-ia incompreensível se partíssemos de outra premissa e não considerássemos a dignidade da vítima.

Na Paixão do Senhor, todo o "universo moral" da culpa recai sobre o Homem-Deus com toda a carga oposta à sua divindade. Podemos pressentir o que deve ter sido, para ele, o silêncio do Pai no momento da crucificação e o abismo que se ocultou por trás de sua súplica: "Eli, Eli, lema sabachthani?", que significa: "Senhor, Senhor, por que me abandonaste?" (Mt 27,46). Cristo, naquele momento, chegou a perder de vista a proximidade com o próprio Pai, embora o Pai permanecesse com ele. Na cruz, ele nos alerta para a conseqüência fundamental do pecado: o afastamento de Deus.

Como homem já experimentara o amargo gosto da solidão momentos antes de ser preso no monte das Oliveiras. Os três discípulos que o acompanharam não conseguiram permanecer acordados, embora tivessem ouvido do Mestre o apelo: "Minha alma está numa tristeza mortal! Ficai aqui e velai comigo" (Mt 26,37).

Antevendo o suplício que o aguardava, expandiu toda a sua angústia dizendo: "Pai, se possível, afaste de mim este cálice. Todavia, que não se faça o que eu quero, mas o que tu queres" (Mt 26,39).

Cristo bebeu do cálice até a última gota e tornou-se solidário com todos os que, diante do sofrimento, experimentam o sentimento de abandono.

Ao contemplarmos o crucifixo, compreendemos toda a extensão de suas palavras: "Tendo amado os seus, amou-os até o fim" (Jo 13,1).

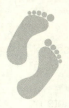

Um processo sumário e tendencioso

Não convém que um só homem morra pelo povo, para que toda a nação não pereça?

(Jo 11,50)

Jesus provocou perturbações e contradições na ordem religiosa e o sumo sacerdote Caifás transferiu o problema para o campo político, temendo uma possível revolta, que atrairia as legiões romanas. Todos os padecimentos de Jesus tomaram uma forma histórica completa, pelo fato de ele ter sido rejeitado pelos chefes dos sacerdotes, escribas e fariseus. As autoridades religiosas de Jerusalém consideravam seus atos e palavras "sinal de contradição" (Lc 2,34). Aquele homem curava em dia de sábado, perdoava os pecados, expulsava os demônios e, o que mais escandalizava os fariseus, mantinha uma familiaridade com publicanos e pecadores públicos. Muitos o acusavam de não-observância dos preceitos da Lei mosaica, que os fariseus seguiam minuciosamente, esquecendo-se da caridade, do perdão, do desapego material e do espírito de fraternidade. A fé num Deus único levava-os a rejeitar a existência de um homem nascido de mulher que iria compartilhar integralmente da glória deste Deus. "Não te apedrejamos por causa de tua obra", respondiam os judeus, "mas por tua blasfêmia, pois, sendo homem, tu te fazes Deus" (Jo 10,33).

Jesus afirmava, sempre, que não viera revogar a Lei e os profetas, mas dar-lhes pleno cumprimento na qualidade de Messias de Israel. Em Jesus, a Lei não aparece mais gravada nas tábuas de pedra, mas no fundo do coração. "Colocarei minha Lei no seu seio e a escreverei no coração" (Jr 31,33).

O último sinal de Cristo foi a ressurreição de seu amigo Lázaro, irmão de Marta e Maria. Ele é aquele que salva da morte espiritual e, como prova disso, faz reviver o morto. "Eu sou a ressurreição e a vida. Quem crer em mim, ainda que esteja morto, viverá" (Jo 11,25).

Ao que tudo indica, tal milagre foi uma peça importante na decisão do sumo sacerdote Caifás. Lázaro era muito conhecido na região e tornar-se-ia impossível justificar que ele, após três dias sepultado, voltasse a circular no meio do povo. As Escrituras contam-nos que muitos judeus creram nele, mas outros, assustados, foram correndo contar o fato aos fariseus. "Que faremos? Este homem faz muitos sinais. Se o deixarmos assim, todos crerão nele, e os romanos virão e destruirão a cidade e toda a nação" (Jo 11,47b-48). O sumo sacerdote, ao decidir pela necessidade de eliminar aquele homem em favor do povo, sem o saber, pronunciar-se-á sobre o mistério da salvação conforme previsto pelo profeta Isaías. "Foi eliminado por um julgamento violento, e quem se preocupa com sua sorte? Por causa da rebeldia do meu povo foi golpeado até a morte" (Is 53,8).

Em seu julgamento, Cristo foi levado de Anás a Caifás até o representante romano Pôncio Pilatos, que, comodamente, tentou esquivar-se da situação: "Por acaso sou eu judeu?", tornou Pilatos. "Tua nação e pontífices entregaram-te a mim. Que fizeste?" (Jo 18,35). Cristo tentou elucidá-lo, afirmando não ter nenhuma conotação política em seus atos: "O meu Reino não é deste mundo" (Jo 18,36).

A falsa acusação de revolta política colocava Jesus no mesmo patamar de Barrabás, acusado de sedição. Pilatos temia perder as boas graças do imperador romano, o cruel Tibério, e, embora não visse em Cristo mal algum, ele o entregou aos soldados para que o submetessem ao terrível suplício da flagelação. Pilatos esperava com isso, então, aplacar a ira da multidão e encerrar o incômodo episódio.

Os acusadores, porém, desiludidos de alcançarem a condenação por crime político, levaram a acusação para o terreno religioso exclusivamente. "Nós temos Lei", responderam os judeus, "e segundo a Lei, ele deve morrer, porque se fez Filho de Deus" (Jo 19,7).

O nome de Pilatos passou a fazer parte da oração que afirma a fé cristã, o Credo: "Padeceu sob Pôncio Pilatos, foi crucificado, morto e sepultado...".

Os judeus não podem ser responsabilizados coletivamente pela morte de Jesus, a despeito da multidão manipulada que bradava "seu sangue caia sobre nós e nossos filhos".

O Concílio Vaticano II afirma: "Aquilo que se perpetrou na sua Paixão não pode, indistintamente, ser imputado a todos os judeus que viviam então, nem aos de hoje".

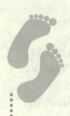

Cristo ficou só

Então, todos o abandonaram.
(Mc 14,50)

Jesus foi abandonado pelos seus amigos quando mais precisava deles. No Getsêmani, pediu a Pedro, Tiago e João que orassem com ele, mas por três vezes voltou para acordá-los, sendo que na última vez disse: "Dormis ainda e descansais? Chegou a hora em que o Filho do Homem será entregue aos pecadores" (Mc 14,41). Enquanto os soldados, com violência, amarravam-lhe as mãos entre gritos e insultos, o Senhor ainda tentou proteger os seus: "'A quem procurais?'. Responderam-lhe: 'A Jesus Nazareno'. Jesus retomou: 'Já vos disse que sou eu. Se, pois, é a mim que procurais, deixai que estes se retirem'" (Jo 18,7-8). Os discípulos, desnorteados, esqueceram suas promessas de fidelidade e, aos poucos, foram desaparecendo na escuridão do horto.

A entrega de Cristo foi feita por um dos seus. "Não é um inimigo que me insulta. Eu o suportaria. Não é um adversário que se levanta contra mim. Eu me ocultaria. Mas és tu, homem de minha condição, meu amigo e companheiro" (Sl 55[54],13). Amigo é o termo usado por Jesus ao constatar a traição de Judas. "Amigo, com que propósito vieste?" (Mt 26,50). O Senhor bem sabia que Judas seria o traidor, mesmo antes do beijo que ele usou para identificá-lo e entregá-lo ao sumo sacerdote.

A traição consumara-se. No decorrer da vida humana, os nossos atos são e serão, sempre, uma afirmação ou uma negação a Cristo.

Judas, como os demais, privou da amizade do Mestre, foi testemunha ocular de alguns milagres e deve ter presenciado o perdão concedido aos pecadores. Mesmo depois de sua traição, ele poderia ter sido um dos doze fundadores da Igreja latente. Sua vida, porém, parecia desconjuntada e sem rumo, levando-o ao desespero, quando bastaria lançar a sua culpa no oceano infinito da misericórdia de Deus, que ele conhecia, mas em quem não confiou.

Onde estariam os outros três discípulos que assistiram à prisão? Talvez seguissem o Senhor de longe, escondidos entre os curiosos.

"Tenho sede!" (Jo 19,28), disse o Senhor do alto da cruz. Sede de água e sede do amor das criaturas que, através dos séculos, continuariam a deixá-lo só.

Cristo permanece só nas humildes capelinhas do interior e nas grandes catedrais, onde muitos entram para fazer seus pedidos, mas poucos se detêm para ouvi-lo. Nós todos sabemos o que desejamos; mas sabemos o que Deus quer de nós?

Cristo permanece só nos asilos e hospitais, ao lado dos que sofrem, sem pessoas devidamente gabaritadas para amenizar as suas dores físicas e psicológicas.

Cristo permanece só ao lado dos pobres e necessitados que esperam as sobras dos que armazenam em demasia.

Compete a nós descobrirmos o Cristo que, muitas vezes próximo de nós, repete: "Tudo o que fizestes a um só dos meus irmãos, a mim o fizestes" (Mt 25,40).

A negação de Pedro

Este é um deles.
(Mc 14,69)

Sentado do lado de fora do palácio do sumo pontífice, Pedro aquecia-se junto ao fogo e, apreensivo, aguardava o julgamento do Mestre. Uma das criadas, porém, o reconheceu e o denunciou, o que provocou uma atitude defensiva por parte do apóstolo, que acabou negando o Senhor três vezes, conforme Jesus já havia previsto. "Este é um deles", disse ela. A primeira interpretação é que ela o tivesse visto acompanhando o Mestre. Se nos aprofundarmos, podemos dar um outro sentido à frase. Em Pedro ela teria percebido o reflexo da imagem de Cristo que nele se impregnara, como deveria acontecer com todos aqueles marcados com o sinal do cristão conferido pelo batismo.

Pedro, num momento de pânico, acovardado, proferiu palavras nada condizentes com a lealdade ao Mestre que tanto amava. "E ele começou a praguejar e a jurar: 'Não conheço este homem de quem falais'" (Mc 14,71).

Ao negar o Senhor, ele negava toda a sua fé, que professara ao dizer: "Tu és o Cristo, Filho de Deus vivo" (Mt 16,16). Conseqüentemente, negava o sentido mais profundo de sua existência e a esperança que o Senhor depositara nele. "Não tenhas medo! De agora em diante serás pescador de homens" (Lc 5,10). Por último, negava a sua vocação e responsabilidade: "Pedro, tu és pedra, e sobre esta pedra edificarei a minha Igreja" (Mt 16-18).

Que restou, então? Restou um profundo vazio feito pelo amargo arrependimento que somente a confiança ilimitada no seu Senhor e Deus poderia preencher. Pedro vivenciou essa experiência quando o Senhor passou por ele levado pelos soldados e os olhares de ambos se encontraram. O olhar do Filho de Deus é sempre um olhar renovador, que enche de esperança aqueles que nele confiam. Provavelmente, numa atitude muito humana, Pedro tentou baixar os olhos e fugir daquele olhar que conhecia tão bem: olhar comovido que o Senhor dirigira à multidão, "ovelhas sem pastor"; olhar afetuoso e triste que dirigira, um dia, ao jovem de boa vontade, mas demasiadamente apegado às riquezas; olhar cheio de lágrimas diante do túmulo de seu amigo Lázaro.

Pedro, certamente, sentiu todo o impacto daquele olhar que demonstrava não apenas censura, mas, acima de tudo, misericórdia por parte daquele que jamais nega o perdão a quem se arrepende. Segundo Lucas, ele "saiu e chorou amargamente".

Toda a fragilidade humana que fez Pedro desabar e o amor confiante que o reergueu dão-nos a esperança em nossa caminhada tão suscetível de quedas.

"Este é um deles." A frase, que identificava os seguidores de Cristo na Igreja latente, certamente os assustava também, mas não os impediu de assumirem os fatos que haviam testemunhado.

Será que esse sinal identifica-nos em nossa caminhada?

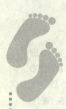

Ecce homo

Eis o homem!
(Jo 19,5)

Contemplemos por uns instantes a cena que, através dos séculos, permanece viva em nossa mente como se a presenciássemos. Uma multidão agitada reúne-se do lado de fora do pretório, aguardando o julgamento de Jesus. Pilatos, temendo prolongar uma situação que poderia ser, para ele, politicamente desfavorável, tenta acalmar os judeus ordenando a flagelação de um homem que ele mesmo considera inocente.

A partir deste momento não existirá mais nenhum controle sobre a situação e Cristo ficará totalmente entregue aos sarcasmos, zombarias e crueldades da sanha de seus algozes. "Pilatos mandou flagelar Jesus. Os soldados teceram uma coroa de espinhos e puseram-na sobre sua cabeça, cobriram-no com o manto púrpura e, aproximando-se, diziam: 'Salve o rei dos judeus!', e davam-lhe bofetadas" (Jo 19,1-3).

Na encíclica *Dominum et vivificantem*, de João Paulo II, lê-se: "Na humanidade de Jesus Redentor, penetra-se no sofrimento de Deus" (n. 39).

Cristo retorna com seu porte altivo, sereno, coberto pelo manto púrpura sobre o corpo desfigurado pelo flagelo e, através do sangue que desce de sua cabeça coroada de espinhos, observa aqueles pelos quais irá morrer. Pilatos aponta: *"Ecce homo"* ("Eis o homem"). Diante do brado "crucifica-o", ele se acovarda e lança a sentença de morte do Filho de Deus: "Tomai-o, vós mesmos, e crucificai-o, pois não acho nele crime algum" (Jo 19,6).

Eis o homem. Eis aquele que realiza em plenitude a perfeição humana e revela divindade mediante sua humanidade. Só um verdadeiro homem podia sofrer os tormentos do Getsêmani ao Gólgota, e só um verdadeiro Deus podia oferecer ao Pai um sacrifício perfeito e definitivo, de propiciação e reconciliação em favor de todos.

Eis o homem igual aos demais em tudo, exceto no pecado, e que leva, misteriosamente, sobre os ombros, os pecados de toda a humanidade: "Carregou os nossos pecados em seu corpo sobre o madeiro" (1Pd 2,24). A Paixão de Cristo realiza plenamente as palavras de Is 53,5: "Esmagado por nossas iniqüidades, o castigo que nos deu a salvação caiu sobre ele".

Eis o homem que manifesta seu amor infinito por nós numa entrega voluntária de sua própria vida. Esse amor, por ser infinito, não se fragmenta, sendo concedido, por inteiro e gratuitamente, a cada criatura humana.

Eis o homem Filho Unigênito de Deus, que, segundo João, "comunica a nós a vida eterna que vem do Pai" (1Jo 1,2). Através do Filho, o Pai comunica-se mais de perto, no âmago de nossa frágil condição humana, e aponta-nos Cristo como modelo, amigo inseparável e irmão de todos.

Como cordeiro foi conduzido ao matadouro

Maltratado, ele se humilhava e não abria a boca, como cordeiro conduzido ao matadouro.

(Is 53,7)

A profecia acima descrita, prevista com séculos de antecipação pelo profeta Isaías, foi realizada conforme vemos em Mc 15,20: "Depois de escarnecerem-no, despiram-lhe a púrpura e tornaram a vesti-lo com suas próprias vestes. Conduziram-no para fora a fim de crucificá-lo".

Após uma noite de tortura e escárnio, Cristo arrastou-se, penosamente, sob o peso da cruz redentora, em direção ao Calvário. Cada passo era marcado pelo seu sangue. Embora a distância a percorrer fosse relativamente curta, o Senhor, exausto, não conseguia mais manter-se de pé. Por temerem que morresse antes da crucificação, ordenaram que Simão Cirineu, que por ali passava, o ajudasse segurando uma extremidade da cruz. A parte mais pesada, do amor não correspondido, do abandono e, principalmente, do pecado da humanidade, esta o Senhor levou sozinho.

O que o olhar do Cristo homem, turvado pelo suor e pelo sangue, seria capaz de avistar? Ruas estreitas e tortuosas, calçadas de pedras largas aquecidas pelo sol forte, que por vezes sentiu bem junto à face nas suas quedas. Muitos curiosos mostravam-se perplexos ao verem-no passar, outros demonstravam a sua agressividade e sarcasmo, mas poucos transmitiram sua comoção através das lágrimas, como foi o caso das santas mulheres que Jesus consolou, as "Filhas de Jerusalém, não choreis por mim, mas antes por vós e pelos vossos filhos" (Lc 23,28).

Como redentor, que enxergou o Senhor? Ele, certamente, avistou todos os irmãos que lhe foram confiados pelo Pai, em todas as gerações anteriores à sua e em todas as gerações futuras, que seriam redimidas, e o amor que por todos sentia o impulsionava em direção à cruz.

Certo pintor realçou, num quadro da via-sacra, as cordas que teriam prendido os pés de Cristo aos dois ladrões, provavelmente para dificultar uma fuga, o que seria impossível com as condições físicas de Jesus. O simbolismo da cena leva-nos a ver, representada nesses dois condenados, toda a humanidade ligada ao Cristo a caminho da redenção.

Um condenado extravasava todo o seu ódio e chegava a ridicularizar aquele que se dizia todo-poderoso, mas que era incapaz de salvar a si mesmo e aos outros. Ele representa os que usam a própria cruz para afastar-se de Deus. É a cruz que não redime. O outro, mais condizente com a dignidade e sabedoria humana, à cruz resigna-se, por não poder evitá-la, e, quando preso ao madeiro, faz dela seu instrumento de santificação.

Deus concede, sempre, a cada criatura humana, todas as graças necessárias para sua salvação, e a outros a gratuidade das graças especiais. Pela proximidade física com que os malfeitores se encontravam em relação a Cristo e pelos sofrimentos impingidos, provavelmente o Senhor concedeu a ambos as graças necessárias à conversão. O evangelho de Lucas mostra-nos que apenas Dimas mostrou-se disponível para receber essas graças. Ele não só se mostrou merecedor da punição, como também, por mais estranho que pareça, conseguiu vislumbrar, naquele homem humilhado e desfigurado ao seu lado, a pessoa do Filho de Deus. Na cruz, disse ao companheiro: "Nem tu, que estas sofrendo o mesmo suplício, temes a Deus?" (Lc 23,40). Em seguida, fez ao Senhor uma surpreendente profissão de fé em sua misericórdia: "Jesus, lembra-te de mim quando chegares ao teu Reino" (Lc 23,42). Cristo canonizou na mesma hora o bom ladrão: "Em verdade te digo: ainda hoje estarás comigo no paraíso" (Lc 23,43).

O Senhor carregou a cruz com amor infinito e, ao abraçá-la, deu ao sofrimento um sentido mais profundo, até então desconhecido. Os santos descobriram que, quando já não se vê a cruz em si, mas nos ombros do Senhor que permanece ao lado, a cruz perde o seu sinal negativo. Como testemunho de vida, vale divulgar a frase de uma mulher que dizia serenamente: "Eu não sou infeliz. Sou sofrida. Infeliz eu seria se estivesse longe de meu Senhor e meu Deus. Vivo aos pés da cruz, mas não estou só. Maria está comigo".

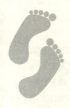

A morte que nos deu a vida

"Em verdade vos digo: se o grão de trigo, caindo na terra, não morrer, ficará só, mas, se morrer, produzirá frutos."
(Jo 12,24)

Escrito no alto da cruz, todos podiam ler o motivo da condenação: "Este é Jesus, rei dos judeus" (Mt 27,37).

Os seguidores de Cristo o proclamam Rei, cujo trono é a cruz e cuja glória é ter vencido a morte com a própria vida entregue pela redenção do mundo. "Deus, rico em misericórdia pelo grande amor com que nos amou, de mortos que estávamos pelos pecados, fez-nos reviver em Cristo" (Ef 2,4s).

O Filho de Deus, ao aceitar a extrema humilhação de um crucificado, não temeu comprometer sua dignidade divina, rebaixando-se ao máximo. Para um judeu, acrescido ao sofrimento físico, havia a pecha de maldição divina: "Maldito aquele que pende do madeiro" (Gl 3,13). A cruz é o túmulo que aniquila o orgulho e a soberba humana, pecado a nós imputado pelo primeiro homem que o Novo Adão assume para si. "Assim como pela desobediência de um só todos se fizeram pecadores, assim também, pela obediência de um, todos se tornarão justos" (Rm 5,19), e pela humildade de um só todos serão constituídos humildes.

"[...] aniquilou a si mesmo assumindo a condição de escravo, tornando-se solidário com os seres humanos. E apresentando-se como simples homem, humilhou-se, feito obediente até a morte, até a morte de cruz" (Fl 2,6-8).

Houve um instante em que o olhar de Jesus dirigiu-se aos algozes e, num transbordamento de misericórdia, usando de sua autoridade, implorou ao Pai: "Pai, perdoa-lhes porque não sabem

69

o que fazem" (Lc 23,34). Essas palavras exprimem o sentido da paixão por revelarem a reconciliação de Deus com o pecador. Os carrascos perdoados pelo Filho de Deus são testemunho da misericórdia divina, assim como o bom ladrão e o centurião romano que disse: "Verdadeiramente este é o Filho de Deus" (Lc 23,47). Iniciou-se, assim, o grande cortejo até a inclusão de nós mesmos, formando, dessa forma, a grande multidão que lhe fora prometida pelo Pai.

Nos últimos instantes de vida, seu olhar pousou em sua mãe e João, que estavam ao lado de Maria Madalena e da irmã de sua mãe, mulher de Cléofas. "'Mulher, eis aí teu filho'. Depois, disse ao discípulo: 'Eis aí tua mãe'" (Jo 19,26s). Recebemos, então, o mais valioso tesouro que poderíamos receber. Além de dar-nos a vida, deu-nos sua Mãe, nosso refúgio, estrela da manhã que nos indica o caminho e a porta do céu.

Após entregar-se ao Pai, proferiu: "'Tudo está consumado'; e, inclinando a cabeça, entregou o espírito" (Jo 19,30).

O coração de Jesus

> *Um dos soldados abriu-lhe o lado com uma lança e imediatamente saiu sangue e água.*
> (Jo 19,34)

Jesus morreu como cordeiro na mesma tarde em que se imolavam os cordeiros pascais no Templo, e cumpriu a prescrição do cordeiro pascal, que não tinha um só osso quebrado. Um soldado, porém, para verificar se estava realmente morto, abriu-lhe o peito com uma lança, e jorrou sangue e água, que, segundo especialistas, seria o líquido pleural. A tradição ensina-nos que os sacramentos brotaram dessa chaga. Santo Tomás de Aquino dizia: "Por este lado abriu-se para nós a porta da vida eterna".

Qual o significado da água? No momento em que a água foi derramada sobre o Cristo em seu batismo, o Espírito Santo deu seu testemunho de Jesus ser o Filho de Deus. O evangelho de João afirma que o Espírito deu o mesmo testemunho quando Jesus passou pelo sangue, isto é, pela morte. "Jesus Cristo é quem veio pela água e pelo sangue. Não somente na água, mas na água e no sangue. E é o Espírito que dá o testemunho porque o Espírito é a verdade" (1Jo 5,6). O Espírito, como terceira pessoa da Santíssima Trindade, esteve com o Filho de Deus em todas as ações de sua vida terrestre. Quando a humanidade puríssima se rompe na crucificação, o Espírito se emana, se espalha do corpo de Cristo glorificado na cruz. O Espírito que estava com ele, simbolizado na água e no sangue, se transforma em torrente de água viva que irá fertilizar a vida da criatura humana. Por isso professamos: "Creio no Espírito Santo, que é o Senhor e dá a vida". O Senhor Ressuscitado, ao aparecer para os apóstolos, soprou sobre eles e disse: "Recebei o Espírito Santo" (Jo 20,22). O mesmo Espírito desceu, ostensivamente, sobre os apóstolos no cenáculo, quando eles se reuniram ao redor de Nossa Senhora, constituindo, assim, a célula da Igreja nascente.

A ferida aberta no peito de nosso Senhor Jesus Cristo torna-se um permanente convite a todas as gerações após sua morte. "Provai e vede como o Senhor é bom".

Conta uma antiga lenda que o pelicano, ao ver mortos os seus filhotes, rasgava o próprio peito e espargia o seu sangue sobre eles. Em tempos remotos, os cristãos aplicaram essa imagem do pelicano a Jesus, que derramou o seu sangue pela humanidade como um todo e cada um em particular. Cristo, o Bom Pelicano, aguarda que seu sacrifício cruento no Calvário, perpetuado como memorial no sacrifício incruento da missa, que nos proporciona a eucaristia, seja refletido na vida de todos os que o recebem sacramentalmente. O Coração de Jesus, aberto a todos, espera, como retribuição, a fé devidamente vivenciada pelo amor fraterno.

Cristo venceu a morte

Por que procurais entre os mortos aquele que está vivo?
(Lc 24,5s)

Lá estava a pedra removida e o sepulcro vazio. Tal foi a visão das três mulheres (Maria Madalena, Maria, irmã de Nossa Senhora e mãe de Tiago, e Maria Salomé), que, esquecidas do que havia sido previsto, entraram em pânico. Correram, então, aos discípulos e avisaram: "Tiraram o Senhor do sepulcro e não sabemos onde o puseram" (Jo 20,2).

Simão Pedro e João saíram correndo. João chegou primeiro, mas não entrou. Pedro, ao entrar, "viu os lençóis no chão e o sudário que estivera sobre a cabeça de Jesus. Este não estava com os lençóis, mas dobrado num lugar à parte" (Jo 20,6s). O Senhor já os havia alertado: "É preciso que o Filho do Homem seja entregue às mãos dos pecadores, que seja crucificado e ressuscite no terceiro dia" (Lc 24,7).

Jesus, referindo-se à sua ressurreição, fizera uma analogia com o Templo de Jerusalém: "Destruí este templo e em três dias eu o reedificarei" (Jo 2,19). Assim, seu corpo é apresentado como o novo templo, o centro da Aliança, local definitivo da glória e da presença de Deus entre os seres humanos.

A ressurreição de Jesus é um acontecimento real que teve manifestações historicamente comprovadas, como atesta o Novo Testamento. Ela é a verdade culminante de nossa fé e já era considerada pelos contemporâneos do Senhor, e pelas primeiras comunidades cristãs, parte essencial do Mistério Pascal.

Dizia são Paulo em suas pregações: "Se Cristo não ressuscitou, então é vã a nossa pregação, é vã também a nossa fé. Seremos, também, falsos testemunhos de Deus..." (1Cor 15,14s).

Completando sua linha de pensamento: "Assim como em Adão todos morrem, assim em Cristo todos reviverão" (1Cor 15,22).

O túmulo vazio, primeiro elemento que se depara, não constitui em si uma prova definitiva, pois o corpo poderia ter sido retirado por seus amigos para realizar as previsões referentes à ressurreição. Os guardas designados para guardar o sepulcro foram subornados pelos sumos sacerdotes para ocultarem o fato. "Dizei que, vindo a noite, os discípulos o roubaram enquanto dormíeis" (Mt 28,13).

Os contemporâneos de Cristo, provavelmente, estranharam essa benignidade das cruéis autoridades, que, como bem sabiam, jamais deixariam vivos os soldados se eles falhassem em missão tão delicada. Temos de considerar, também, que os discípulos, tão pouco instruídos, não teriam capacidade e coragem para forjar um acontecimento tão inusitado, que lhes podia custar a vida, e dar a este o embasamento necessário para uma doutrina que se espalharia pelo mundo.

O testemunho de mulheres, pouco consideradas na época, não foi aceito de imediato pelos apóstolos, ainda abalados e aturdidos com o recente episódio da crucificação. "As palavras delas foram tidas como delírio, e não lhes deram crédito" (Lc 24,11).

O Senhor apareceu, então, aos dez discípulos, mas Tomé não estava entre eles e não acreditou. Oito dias depois, o Senhor retornou dizendo: "A paz esteja convosco". Em seguida, ordenou a Tomé que colocasse a mão em suas chagas. "Meu Senhor e meu Deus!", disse Tomé. "Tu creste", disse-lhe Jesus, "porque tu me viste. Bem-aventurados os que não viram e creram" (Jo 20,29).

Os apóstolos, como testemunhas oculares da ressurreição, são as pedras fundamentais da Igreja. Essas testemunhas não foram apenas eles, mas, segundo Paulo, Jesus reapareceu uma vez a mais de quinhentas pessoas, e por várias vezes estabeleceu com seus amigos relações diretas.

O corpo que se apresentava às testemunhas era o mesmo martirizado. Segundo o *Catecismo da Igreja Católica*, n. 695:

Contudo, este corpo autêntico e real possui, ao mesmo tempo, propriedades de um corpo glorioso. Não está mais situa-

do no espaço e no tempo, mas pode tornar-se presente a seu modo, onde e quando quiser, pois sua humanidade não pode mais ficar presa à terra, mas já pertence, exclusivamente, ao domínio divino. *Cristo ressuscitou dos mortos. Pela sua morte venceu a morte. Aos mortos deu a vida.*

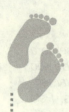

Ele está entre nós

"Eis que estou convosco todos os dias, até o fim do mundo."
(Mt 28,20)

Deus não nos criou para deixar-nos órfãos e abandonados às dificuldades, muitas vezes fruto da própria fragilidade humana. É impossível e incoerente acreditar que um Deus Criador, que tanto amou as criaturas a ponto de redimi-las através do próprio Filho, permanecesse distante e indiferente ao que criou. Tomemos a Bíblia, que é o nosso livro por excelência, guia em nossa caminhada. Vejamos o Antigo Testamento: "Não temais, porque estou contigo para te salvar" (Jr 1,8). "Não tenhas medo, pois estou contigo; não olhes apreensivo, pois eu sou o teu Deus. Eu te fortaleço, sim, eu te ajudo..." (Is 41,10).

Nós repetimos: "Deus é fiel". E essa afirmação deveria partir, sempre, do fundo de nosso coração. O profeta Isaías proclamava: "Tu, na verdade, és um Deus escondido, Deus de Israel e Salvador" (Is 45,15).

Um Deus escondido aos poucos se revela aos seres humanos, que através da fé respondem a essa revelação. Nós chamamos a obra da criação, na qual a mão de Deus surge como princípio de todas as coisas, como revelação natural. A criatura humana, formada à imagem e semelhança de Deus, dotada de inteligência e vontade, é o ápice da criação. A essa criatura Deus tornar-se-á acessível e revelar-se-á de um modo sobrenatural. Na Epístola de Paulo aos Romanos encontramos: "Porque as suas perfeições invisíveis, seu eterno poder e sua divindade desde a criação do mundo tornaram-se acessíveis à inteligência humana" (1,20).

A revelação sobrenatural vai além da revelação através da natureza. Ela a ultrapassa. É o próprio Deus que se inclina para comunicar-se com os seres humanos, revelando a si mesmo e os desígnios de sua vontade através da Palavra. Isso ocorreu na história, num momento bem determinado, através dos profetas, portadores da mensagem, e das teofanias, que são manifestações extraordinárias de Deus, que por vezes iluminaram essas mensagens.

A revelação sobrenatural torna-se plena na pessoa do Filho, que é a Palavra de Deus em pessoa. "E o Verbo fez-se carne e habitou entre nós. E nós vimos a sua glória, do Filho único do Pai, cheio de graça e verdade" (Jo 1,14).

O Verbo feito homem anunciou o Reino ao longo de sua caminhada e deixou suas pegadas por onde passou. Morrendo, devolveu-nos a vida. Ressuscitado, permanece em nosso meio, e sua presença em nossas vidas mostra-se, algumas vezes, quase palpável. Nos momentos de sofrimento e angústia, a firmeza da mão que nos sustenta transforma a frase da liturgia da missa "Ele está entre nós" numa consoladora mensagem de esperança e paz.

O Senhor sinaliza a sua presença. Os reis magos viram uma luz na forma de uma estrela brilhante e, seguindo essa luz, encontraram o menino Jesus. Nos tempos atuais, os sinais não estão no céu, mas ainda nos indicam como chegar a Jesus. Se olharmos ao redor, sentiremos a sua presença nas pessoas carentes que sofrem da falta de pão ou da Palavra.

O Senhor, ao estabelecer as primícias da Igreja latente, determina, de maneira indiscutível, a missão dos apóstolos: "Ide, pois. Fazei discípulos meus todos os povos, batizando-os em nome do Pai, do Filho e do Espírito Santo, ensinando-os a observar tudo quanto eu vos mandei. Eis que estou convosco todos os dias até o fim do mundo" (Mt 28,19-20). A tradição ensina-nos que a Igreja não tem outra luz senão a de Cristo, sendo comparada à lua, cuja luz é reflexo da luz do sol.

"A Igreja é o povo que Deus reúne no mundo inteiro. Existe nas comunidades locais e realiza-se como assembléia litúrgica, sobretudo eucarística. Vive da palavra e do corpo de Cristo e ela mesma se torna, assim, corpo de Cristo" (*Catecismo da Igreja Católica*, n. 752).

Ele está no meio de nós. Vivo e presente no pão da vida, a eucaristia, que nos une ao Cristo e aos irmãos. Nos sacrários espalhados pelo mundo inteiro, o Senhor Deus, escondido nas espécies da hóstia sagrada, mantém o seu irresistível chamado: "Vinde a mim, vós todos que estais aflitos e sobrecarregados, e eu vos aliviarei" (Mt 11,28).

Estejamos atentos para que as múltiplas atribuições e os problemas que nos rodeiam não nos afastem da presença de Cristo, o que seria uma triste ressonância do trecho de João: "Veio para o que era seu, e os seus não o receberam" (Jo 1,11).

PARTE III

MARIA: "PORTA DO CÉU"

Fazei tudo o que ele vos disser.

(Jo 12,5)

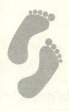

Maria, Mãe de Deus

Conceberás e darás à luz um filho, a quem chamarás Jesus.
(Lc 1,31)

Maria, Mãe de Deus, tem uma posição singular em relação à Santíssima Trindade. Filha de Deus Pai, Mãe do Filho de Deus, concebe sob o poder do Espírito Santo, que foi "enviado para santificar o seu seio virginal e para fecundá-la, ele que é o Senhor da vida".

Segundo o dogma da Imaculada Conceição, Maria foi preservada da mancha do pecado original em sua concepção pela sua participação no mistério salvífico, sendo, conseqüentemente, ornada como um templo, tabernáculo altíssimo, pela sua função de Mãe do Filho Unigênito de Deus.

A semente da vida divina milagrosamente encarnou em sua natureza humana e desenvolveu-se nas entranhas da virgem judia de Nazaré, cumprindo as profecias do Antigo Testamento: "Eis que uma jovem mulher[1] conceberá e dará à luz um filho e o chamará Emanuel (Deus conosco)" (Is 7,14). Diz o evangelho de Lucas: "O nome da virgem é Maria" (Lc 1,27). A virgindade de Nossa Senhora, que segundo a doutrina da Igreja permanecerá após o parto, não implica menosprezo pela união carnal entre homem e mulher, abençoada pela Igreja, mas ressalta a soberana iniciativa de Deus Todo-Poderoso, que quis abster-se da interferência ou colaboração humana, como nos mostra Jo 1,13: "Para que seu Filho não nascesse nem da vontade da carne nem da vontade dos homens, mas da vontade de Deus".

A tradição ensina-nos que a bem-aventurada Virgem Maria, para acolher o Verbo em seu seio, primeiramente acolheu a Palavra da Escritura pela fé.

---

[1] Jovem mulher: em hebraico, *almah*; em grego, *parthénos*.

O ineditismo do fato, que ultrapassa o entendimento humano, aponta-nos que, na plenitude dos tempos, a encarnação do Verbo marcou algo inteiramente novo. Deus recriou o ser humano. Se por Adão nos perdemos, com Jesus nos salvamos. Na descendência de Eva, Deus escolhe uma jovem virgem e, mediante a gratuidade dessa escolha, torna-a plena de graças.

A fundamentação bíblica da mariologia faz-se a partir do Antigo Testamento, na pessoa de Eva, mãe de todos os viventes (Gn 3,20). Maria é, por excelência, a mulher do Gênesis. Referindo-se à serpente, Deus falou: "Porei inimizade entre ti e a mulher, entre a tua descendência e a dela" (Gn 3,15). Em sentido pleno, a "descendência" é Jesus Cristo, filho da mulher, que, assim, esmagaria a cabeça da serpente. Em termos honrosos, Jesus sempre se referia a ela usando o termo "mulher" em lugar de "mãe".

O perfil dessa mulher foi delineado no evangelho de Lucas de uma maneira especialíssima ao narrar a teofania da Anunciação. Primeiramente, a natural perplexidade diante de tão inédita saudação: "Ave, cheia de graça, o Senhor é contigo" (Lc 1,28). Em seguida, o respeitoso e lúcido questionamento ao saber da gravidez, uma vez que não tinha varão, e finalmente o "Fiat", ao ser informada da ação do Espírito Santo. Ela foi escolhida como membro de um povo chamado a gerar o Messias, e o "sim" de Maria representa o "sim" de uma coletividade e de todo o gênero humano que por esse "sim" ansiava. Se não houvesse tal consentimento incondicional, o projeto salvífico do Pai teria tomado outro rumo. "Eu sou a serva do Senhor! Faça-se em mim segundo a tua Palavra" (Lc 1,38). Maria respondeu com a obediência da fé, certa de que para Deus nada é impossível e, embora seu comportamento estivesse direcionado para receber aquele mistério que lhe fora revelado, ela teve o conhecimento necessário, mas não pleno de sua missão. Isso podemos sentir quando, com seu esposo José, encontraram no Templo o menino Jesus, que, aflitos, procuravam. Disse Jesus: "'Por que me procurais? Não sabeis que devo me ocupar das coisas de meu Pai?'. Eles não entenderam o que lhes dizia" (Lc 2,49-50). Se por um lado não compreendiam em profundidade, eles se submeteram à fé. Toda a vida de Maria foi total submissão à vontade do Pai.

A Assunção de Nossa Senhora foi definida pela proposição de fé assinada pelo papa Pio XII: "A Imaculada sempre Virgem Maria, Mãe de Deus, encerrando o curso de sua vida terrestre, foi assumpta em corpo e alma à glória celeste". As razões desse privilégio derivam, evidentemente, da maternidade divina. A Mãe de Deus não podia ficar sob o domínio da morte (que entrou no mundo com o pecado), sendo o seu corpo, tabernáculo altíssimo, submetido à deterioração como os dos demais mortais.

"A Assunção da Virgem é uma participação singular na ressurreição de seu Filho e uma antecipação da ressurreição dos outros cristãos" (*Catecismo da Igreja Católica*).

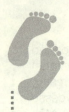

A disponibilidade de Maria, nossa Mãe e Mestra

"Bem-aventurados aqueles que ouvem a Palavra de Deus e a põem em prática."
(Lc 11,28)

Maria, ao ser informada pelo anjo Gabriel da gravidez de sua prima Isabel, que concebera na velhice, imediatamente se dispôs a ir ao seu encontro para ajudá-la. Diz o evangelho de Lucas que lá permaneceu por três meses, ou seja: até o nascimento de João Batista. Ela "se pôs a caminho e foi apressadamente às montanhas, para uma cidade de Judá" (Lc 1,39). Em nossas vidas, não raro falta-nos disposição de pormo-nos a caminho para colocar em prática a palavra recebida e não assimilada. Adiamos, transferimos, justificamo-nos diante de nós mesmos, e Maria, nesse texto, aponta-nos como proceder. Ela não se valeu da condição inédita de ter o Filho de Deus em suas entranhas para declinar o serviço.

Tocada pelo Espírito Santo, Isabel alegremente proclamou: "Bendita és tu entre as mulheres! Bendito é o fruto do teu ventre! Donde me vem a honra de vir a mim a mãe do meu Senhor?" (Lc 1,42s). No esplendor de sua humildade, Nossa Senhora respondeu: "Minha alma engrandece o Senhor, e rejubila meu espírito em Deus, meu Salvador, porque olhou para a humildade de sua serva. De agora em diante, todas as gerações me chamarão de bem-aventurada" (Lc 1,46-48). Com o passar dos séculos continuamos a proclamá-la "bem-aventurada Virgem Maria".

Certa vez, ao ouvir as pregações de Jesus, uma mulher cheia de entusiasmo louvou a mãe daquele que falava com tanta sabedoria: "'Bem-aventurado o ventre que te trouxe e os seios que te amamentaram'. Ao que o Senhor respondeu: 'Antes bem-aventurados os que ouvem a Palavra de Deus e a põem em prática'" (Lc 11,27s). Esse texto serve de complementação para o anterior (Lc 1,46-48) e adverte-nos que a Palavra que penetra em nosso coração deverá refletir a presença de Deus em nós através de nossos atos. Em Lucas vemos Maria auto-intitular-se "servidora de Deus e dos homens", sendo coerente com os ensinamentos do Filho, que em suas pregações afirmaria que o "maior deve ser aquele que serve". A disponibilidade para servir foi-nos apresentada como exemplo quando o Senhor, cingindo os rins com uma toalha, curvou-se e lavou os pés dos apóstolos.

Nas bodas de Caná, a nossa Mãe e Mestra não devia estar só participando da festa, mas, de alguma forma, estaria envolvida nas dificuldades presentes para perceber que faltava vinho, o que, certamente, constrangeria os anfitriões. Nossa Senhora, aquela que invocamos como auxílio dos cristãos, permanece atenta também às nossas necessidades materiais.

Os evangelhos, tão concisos nas referências à passagem de Maria pela terra, deixam-nos perceber toda a profundidade de sua fé incondicional aliada à disponibilidade pessoal e espírito de humildade, sem falar na força que a manteve de pé aos pés da cruz.

A virtude da humildade que transparece na vida de Nossa Senhora dá-nos a idéia do reconhecimento que devemos ter de nossa fragilidade e da confiança que devemos pôr naquele que tudo pode. Humildes seremos quando conseguirmos esvaziar-nos de nós mesmos para deixarmos espaço para a graça de Deus, que tudo transforma. Segundo santo Agostinho, a humildade é o alicerce da caridade, e a Igreja ensina-nos que, entre os vários carismas, o que supera os demais é a caridade ou amor fraterno.

Se eu falar as línguas dos homens e anjos, mas não tiver caridade, sou como bronze que soa ou tímpano que retine. E se possuir o dom da profecia e conhecer todos os mistérios e toda a ciência e alcançar tanta fé que chegue a transportar montanhas, mas não tiver caridade, nada sou. E se repartir toda a minha fortuna e entregar meu corpo ao fogo, mas não tiver caridade, nada disso me aproveita (1Cor 13,1-3).

Maria, nossa Mãe e Mestra, com sua sábia pedagogia, deixou-nos, em Caná, uma frase que, embora dirigida a simples servos, cristaliza todos os ensinamentos: "Fazei tudo o que ele vos disser".

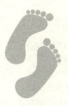

Outros títulos atribuídos a Nossa Senhora

E apareceu no céu um grande sinal: uma mulher revestida de sol com a lua debaixo dos seus pés e uma coroa de doze estrelas sobre a cabeça.

(Ap 12,1)

O texto do Apocalipse, de João, é ressonância do texto do Antigo Testamento (Gn 3,15), em que a Mãe do Messias já aparecia como sinal de esperança e nos revelava uma mulher gloriosa, mãe do povo messiânico representado pelas doze estrelas, como protótipo da Igreja.

Maria é Mãe de todos os viventes (Gn 3,20), Mãe da unidade e Mãe da Igreja, título que, segundo o papa Pio X, tem sua origem na encarnação do Verbo, princípio primordial da unidade. A Igreja deu os seus primeiros passos numa unidade visível de fé, quando os apóstolos, reunidos no cenáculo, receberam o Espírito Santo ao lado de Maria Santíssima, constituindo, assim, a célula inicial que se desenvolveria através dos séculos. O papa João Paulo II assim se dirige à Virgem Maria: "Tu és a servidora da unidade do corpo de Cristo...". A diversidade de raças não prejudicou a unidade alcançada pelo povo dos filhos de Deus, que, aos pés da cruz, foi redimido pelo sangue de Cristo, que, elevado sobre a terra, atraiu para si todos os homens e mulheres, congregando-os com o vínculo de seu amor, e os entregou à sua Mãe.

O *Catecismo da Igreja Católica* (p. 275) apresenta-nos Maria como ícone escatológico da Igreja. Assim, somos estimulados a

> olhar para Maria, a fim de contemplar nela o que é a Igreja no seu mistério, na sua "peregrinação de fé", e o que ela será na pátria celestial ao termo final da caminhada, onde a espera, "na glória da santíssima e indivisível Trindade", "na comunhão

dos santos", aquela que a Igreja venera como Mãe do seu Senhor e como sua própria Mãe.

Maria, Mãe da unidade e Mãe da Igreja, colabora com a ação do Espírito Santo nas almas e brilhará, sempre, como sinal de esperança e refúgio para o Povo de Deus a caminho.

No século VI, começou a aparecer, na linguagem teológica, o título Maria Medianeira. Jesus é o único Mediador e Maria recebe dele a graça de ser Medianeira (não mediadora, expressão errônea). Nossa Senhora aparece pela primeira vez como Medianeira ao visitar Isabel, que, cheia do Espírito Santo, reconheceu o Verbo em suas entranhas: "Porque, assim que ecoou em meus ouvidos a voz da tua saudação, a criança estremeceu de alegria em meu ventre" (Lc 1,44).

Por meio de Maria Santíssima, tabernáculo altíssimo, o Senhor fez-se presente na casa de Isabel, e Maria foi Medianeira para ela e para o precursor João Batista. Ela foi igualmente Medianeira para o velho Simeão, que esperava a graça de ver o Messias antes de morrer. Sob a Luz do Espírito Santo, ele o reconheceu e recebeu em seus braços através de Nossa Senhora: "Ele o tomou nos braços e louvou a Deus" (Lc 2,28). Nesse texto vemos, mais uma vez, Maria colaborando com a ação do Espírito Santo. Nas bodas de Caná, ela intercede junto ao Filho com uma frase singela, muito humana, natural de mulher e dona de casa aflita: "Eles não têm mais vinho!" (Jo 2,3). Esse pedido confiante, a princípio, foi refutado pelo Senhor, que o considerou inoportuno: "Ainda não chegou a minha hora". Não sabemos se ele assim se pronunciou por não ser sua missão prover coisas de ordem material ou se pretendia guardar por algum tempo o segredo messiânico. Ao lermos os evangelhos, observamos que os milagres, ditos sinais, existiam dentro de um contexto das pregações com uma finalidade definida, mas esse ele o fez exclusivamente para atender ao apelo de sua Mãe, Medianeira.

A Virgem Maria, mesmo gozando da plenitude do favor divino, declarada pelo anjo "cheia de graça", não foi isenta das dores, daí o título de Rainha dos Mártires. Desde o começo da vida de Jesus ela e seu divino Filho estiveram sempre unidos e entrosados pelo sinal da cruz. Novamente podemos mencionar o velho Simeão, quando, ao contemplar o menino Deus, dirigira-se a ela profetizando: "Eis que este menino está destinado a ser ocasião de queda e elevação para muitos, e um sinal de contradição. Uma espada transpassará a tua alma..." (Lc 2,34-35). Maria deve ter refletido muitas vezes essas palavras. A partir de então, viveria sempre na dúvida e na incerteza da hora, mas caminhava com serenidade e firmeza em direção à cruz redentora, junto à qual permaneceria de pé até a consumação do Filho. Maria, Rainha dos Mártires, viu um soldado transpassar o peito de Cristo para verificar a sua morte. A dor de assistir à profanação do corpo de seu divino Filho penetrou fundo em seu coração de mãe.

A tradição ensina-nos que o sofrimento da Imaculada Mãe do Redentor, acompanhando todo o suplício e as humilhações que lhe foram impostas, não só a coloca como Rainha dos Mártires, mas admite que sua dor deve ter sido propiciatória para as demais criaturas humanas, daí o título, aceito por muitos, de co-redentora nossa.

O papa Pio XI, na oração de encerramento do Jubileu da Redenção, em H. Marin (*Doutrina pontifícia*, Madrid, 1954, v. IV, n. 647), assim se expressou: "Ó Mãe da piedade e da misericórdia, vós que acompanhastes o vosso Filho quando realizava a redenção do gênero humano no altar da cruz, como nossa co-redentora associada às suas dores... conservai e aumentai em nós os frutos da redenção e de vossa compaixão".

Cristo agonizante, transbordando o amor contido em seu peito, não quis morrer deixando-nos órfãos; deu-nos de presente sua Mãe. Após dirigir-se a ela, fixou os olhos em João e disse: "Eis aí a tua mãe!" (Jo 19,27). O discípulo deve ter entendido toda a extensão da responsabilidade e, a partir de então, colocou-a sob sua guarda. Podemos considerar que o olhar de Jesus, que desconhece a barreira de lugar ou tempo e só conhece a direção do amor, naquele momento fixou-se em cada um de nós. Em João vislumbrou toda a nossa carência, fragilidade, e quanto precisaríamos de uma Mãe em nossa caminhada. Maria, Mãe nossa.

Se olharmos para trás, vamos perceber o quanto nos valemos desse refúgio maravilhoso quando, aflitos e angustiados, nos lançamos "em seu colo". A Igreja aponta-nos Maria como auxílio dos cristãos, refúgio dos pecadores, rainha da paz, de cuja intercessão tanto precisamos hoje em dia. Contudo, nenhum título nos enternece tanto e nos enche de esperança como este: *Mãe de Deus, nossa Mãe.*

Encerremos esta leitura com uma súplica do ofício da Imaculada Conceição, na certeza de que nossa Mãe é a porta do céu, pela qual chegaremos ao Filho, que nos conduz ao Pai no amor do Espírito Santo:

Santa Maria, rainha dos céus, Mãe de nosso Senhor Jesus Cristo, senhora do mundo, que a ninguém deixais nem desprezais, olhai para nós, benigna, com olhos de piedade, e alcançai-nos de vosso amado Filho o perdão de todos os nossos pecados, para que, venerando, afetuosamente, a vossa Imaculada Conceição, consigamos o prêmio da eterna bem-aventurança, por meio de nosso Senhor Jesus Cristo, a quem destes a luz ficando virgem, e que, sendo Deus com o Pai e o Espírito Santo, vive e reina em Trindade perfeita por todos os séculos dos séculos. Amém.

Bibliografia

BÍBLIA SAGRADA. Petrópolis, Vozes, 1989. 1548 p.

CATECISMO DA IGREJA CATÓLICA. Petrópolis/São Paulo, Vozes/Loyola, 1993. 831 p.

FEINER, J. & LOEHRER, M. *Mysterium salutis:* compêndio dogmático histórico-salvífico. Petrópolis, Vozes, 1971. Col. Teologia fundamental. v. I/1. 247 p.

NEGROMONTE, mons. A. *Novo Testamento.* 3. ed. rev. e aum. Rio de Janeiro, Agir, 1961. 347 p.

Sumário

Introdução 5

Parte I
"Eu sou o caminho"

Encarnação do Verbo 9

Sigamos o Cristo 11

Não temais 13

O companheiro de caminhada 15

Quem me tocou? 17

Amor e justiça 19

O chamado 21

Amor e solidariedade 23

O retorno 26

A oração 29

A oração que o Senhor nos ensinou 32

Pai nosso que estais no céu 32

Santificado seja o vosso nome 33

Venha a nós o vosso Reino 34

Seja feita a vossa vontade, assim na terra como no céu 34

O pão nosso de cada dia nos dai hoje 35

Perdoai as nossas ofensas, assim como nós perdoamos
a quem nos tem ofendido 35

Não nos deixeis cair em tentação 36

Mas livrai-nos do mal 36

Senhor, que eu veja 37

A semente da Palavra de Deus 39

Multiplicar e repartir o pão 41

Para você, quem é Jesus? 43

Parte II
Uma cruz no final do caminho

Em direção à cruz redentora 49

A última ceia pascal 51

Redenção 53

Qual a visão que temos da Paixão de Cristo? 55

Um processo sumário e tendencioso 57

Cristo ficou só 60

A negação de Pedro 62

Ecce homo 64

Como cordeiro foi conduzido ao matadouro 66

A morte que nos deu a vida 69

O coração de Jesus 71

Cristo venceu a morte 73

Ele está entre nós 76

Parte III
Maria: "Porta do céu"

Maria, Mãe de Deus 81

A disponibilidade de Maria, nossa Mãe e Mestra 84

Outros títulos atribuídos a Nossa Senhora 87

Bibliografia 91

Impresso na gráfica da
Pia Sociedade Filhas de São Paulo
Via Raposo Tavares, km 19,145
05577-300 - São Paulo, SP - Brasil - 2008